Margit Brinke, Peter Kränzle

CITY|TRIP
TORONTO

Nicht verpassen! Karte S. 3

1 CN Tower [L13]
Seit 1976 dominiert der CN Tower Torontos Skyline und verleiht der Stadt ihr markantes Gesicht. Von einer der Aussichtsterrassen ist der Blick bei schönem Wetter unvergleichlich – mit Glück sieht man bis zu den Niagara Falls (s. S. 14).

8 Toronto Islands [J15]
Liegt man hier am Strand, vergisst man schnell, dass man sich in einer Großstadt befindet. Zudem bietet sich von der Fähre aus ein fantastischer Blick auf Torontos Skyline (s. S. 22).

11 Hockey Hall of Fame [M13]
Für Eishockeyfans ist Toronto *das* Mekka des Sports. Das liegt nicht nur an den traditionsreichen Maple Leafs, sondern auch an der sehenswerten Ruhmeshalle (s. S. 24).

18 Art Gallery of Ontario [K11]
Die AGO, eines der bedeutendsten Kunstmuseen Nordamerikas, bekam einen spektakulären Erweiterungsbau von Frank Gehry. Der Bau passt in seiner Exzentrizität zum Inhalt: moderne Kunst (s. S. 29).

26 St. Lawrence Market [N12]
Die historische Markthalle in Old Town Toronto gilt als kulinarisches Mekka. Am meisten los ist am Samstag, wenn nebenan ein Bauernmarkt stattfindet (s. S. 34).

32 Royal Ontario Museum [L8]
Nicht nur wegen des spektakulären Anbaus von Daniel Libeskind ist das ROM ein Muss, gilt es doch als größtes Museum Kanadas. Sehenswert ist vor allem die First-Nations-Sammlung (s. S. 40).

40 Kensington Market [J10] und Greektown [U8]
45 Toronto ist eine Stadt der Neighbourhoods. In Vierteln wie Chinatown oder Greektown (s. S. 48) werden Traditionen gepflegt. Queen West oder Kensington Market spiegeln dagegen das moderne Toronto wider, das von Künstlern und Aussteigern geprägt ist (s. S. 46).

50 Niagara Falls und das Wine Country
51 Ein Besuch Torontos wäre ohne einen Ausflug an die Niagara Falls nicht vollständig. Dieses Naturdenkmal und Weltwunder muss man gesehen h

Die Sehenswürdigkeiten sind im Text und im Kartenmaterial mit derselben **magentafarbenen ovalen Nummer** 1 markiert. Alle anderen Lokalitäten wie Geschäfte, Restaurants usw. tragen ein **Symbol und eine fortlaufende rote Nummer** (1). Die Liste aller Orte befindet sich auf S. 140, die Zeichenerklärung auf der hinteren Umschlagklappe.

Toronto auf einen Blick

© REISE KNOW-HOW 2018

7 Toronto entdecken

- 8 Toronto für Citybummler
- 9 *Nahverkehr* u. Bahn
- 10 Kurztrip nach Toronto
- 13 **Stadtspaziergang**

14 Downtown

- 14 ❶ CN Tower ★★★ [L13]
- 15 *Steam Whistle Brewing*
- 16 ❷ SkyDome/ Rogers Centre ★ [K13]
- 17 *„The Impassioned": die Toronto Maple Leafs*
- 17 ❸ Air Canada Centre (ACC)/ Maple Leaf Square ★ [M13]
- 18 ❹ Waterfront ★★ [L14]
- 20 ❺ Fort York National Historic Site ★ [I13]
- 21 ❻ Exhibition Place ★ [G13]
- 22 ❼ Ontario Place ★ [G15]
- 22 ❽ Toronto Islands ★★★ [J15]
- 23 ❾ Union Station und Financial District ★ [M13]
- 24 ❿ Fairmont Royal York Hotel ★ [M13]
- 24 ⓫ Hockey Hall of Fame ★★★ [M13]
- 25 ⓬ Toronto-Dominion Centre ★ [M12]
- 25 ⓭ Old And New City Hall ★ [M11]
- 26 ⓮ Eaton Centre ★★★ [M11]
- 27 ⓯ Downtown Yonge Street ★ [M11]
- 27 ⓰ Yonge-Dundas Square ★ [N11]
- 28 ⓱ Mackenzie House ★ [N11]
- 29 ⓲ Art Gallery of Ontario (AGO) ★★★ [K11]
- 30 ⓳ Sharpe Centre for Design ★ [L11]
- 30 ⓴ Queen West/ Fashion District ★★ [L12]
- 31 ㉑ Entertainment District ★ [K12]

32 Old Town/St. Lawrence

- 33 ㉒ King Street und das „King Eddie" ★ [N12]
- 33 ㉓ Cathedral Church of St. James ★★ [N12]
- 34 ㉔ St. Lawrence Hall ★ [N12]
- 34 ㉕ Toronto's First Post Office ★ [O12]
- 34 ㉖ St. Lawrence Market ★★★ [N12]
- 36 ㉗ Flatiron Building ★ [N12]
- 36 ㉘ Distillery Historic District ★★ [P13]
- 37 ㉙ Cabbagetown ★ [Q10]
- 38 ㉚ The Village/ Maple Leaf Gardens ★★ [N9]

39 Midtown

- 39 ㉛ Bloor-Yorkville ★★ [M8]
- 40 ㉜ Royal Ontario Museum (ROM) ★★★ [L8]
- 40 ㉝ Gardiner Museum ★★ [L8]
- 41 ㉞ Bata Shoe Museum ★★ [K8]
- 41 ㉟ The Annex ★★ [J8]
- 42 ㊱ Native Canadian Centre ★ [J8]
- 42 ㊲ Casa Loma ★★★ [J6]
- 43 ㊳ Spadina Museum ★★ [K6]
- 43 ㊴ University of Toronto/ Queen's Park ★ [L9]

Die Skyline von Toronto bei Sonnenuntergang (066tr Abb.: fo©Aqnus)

44 Toronto Neighbourhoods

- 46 ④⓪ Kensington Market ★★★ [J10]
- 46 ④① Chinatown ★ [K11]
- 47 ④② Little Italy ★ [I10]
- 47 ④③ West Queen West (WQW) ★ [G11]
- 48 ④④ Ontario Science Centre ★ [W2]
- 48 ④⑤ The Danforth/Greektown ★★★ [U8]
- 49 ④⑥ Little India ★ [W11]
- 50 ④⑦ Eastside und The Beaches ★★★ [Ä12]

50 Ausflüge – Trips out of Town

- 50 ④⑧ Black Creek Pioneer Village ★
- 51 ④⑨ McMichael Canadian Art Collection ★★
- 52 ⑤⓪ Niagara Falls ★★★
- *53 Wein aus Niagara*
- 54 ⑤① Niagara-on-the-Lake und Wine Country ★★★
- 55 ⑤② Sainte-Marie among the Hurons ★
- *56 Das Scheitern eines Experiments*
- 57 ⑤③ Stratford ★★
- 57 ⑤④ Mennonite Country ★

59 Toronto erleben

- 60 Toronto für Kunst- und Museumsfreunde
- 62 Toronto für Architekturinteressierte
- 63 Toronto für Genießer
- *63 Legendäre Hotels und Theater*
- 67 Toronto am Abend
- *71 Smoker's Guide*
- 72 Toronto für Kauflustige
- *74 LCBO – staatliches Alkoholmonopol*
- 76 Toronto zum Erholen und Entspannen
- 77 Zur richtigen Zeit am richtigen Ort

79 Toronto verstehen

- 80 Das Antlitz der Metropole
- 81 Von den Anfängen bis zur Gegenwart
- 85 Leben in der Stadt
- *85 Oh Canada! Sport schreibt Geschichte*
- 87 Die Torontonians und ihr Alltag
- *88 „Tilley" – legendärer Hut aus Toronto*
- 90 PATH – Torontos Underground City

91 Praktische Reisetipps

- 92 An- und Rückreise
- 93 Autofahren
- 94 Barrierefreies Reisen
- 95 Diplomatische Vertretungen
- 95 Ein- und Ausreise
- 96 Elektrizität
- 96 Geldfragen
- 97 *Toronto preiswert*
- 98 Informationsquellen
- 99 *Unsere Literaturtipps*
- 100 Internet
- 100 Maße und Gewichte
- 100 Medizinische Versorgung
- 101 Mit Kindern unterwegs
- 101 Notfälle
- 102 Öffnungszeiten
- 102 Post
- 102 Radfahren
- 103 Sicherheit
- 103 Sprache
- 103 Stadttouren
- 104 *Infos für LGBT+*
- 105 Telefonieren
- 106 Uhrzeit und Datum
- 106 Unterkunft
- 109 Verhaltenstipps
- 110 Verkehrsmittel
- 111 Wetter und Reisezeit
- 112 Zuschauersport

113 Anhang

- 114 Kleine Sprachhilfe
- 119 Register
- 123 *Toronto mit PC, Smartphone & Co.*
- 124 Die Autoren
- 124 Impressum

125 Cityatlas

- 126 Toronto, Umgebung
- 128 Toronto, Zentrum
- 140 Liste der Karteneinträge
- 144 Toronto, Übersicht

Zeichenerklärung

★★★ nicht verpassen
★★ besonders sehenswert
★ wichtig für speziell interessierte Besucher

[A1] Planquadrat im Kartenmaterial. Orte ohne diese Angabe liegen außerhalb unserer Karten. Ihre Lage kann aber wie von allen Ortsmarken mithilfe der begleitenden Web-App angezeigt werden (s. S. 123).

Preisangaben

Preisangaben erfolgten in C$ (Kanadische Dollar, auch CAD und Can$). Bei Fertigstellung dieses Bandes lag der Kurs bei C$ 1 = 0,64 € (SFr. 0,74) und 1 € = C$ 1,56 bzw. SFr. 1 = C$ 1,35. Generell sind Preisangaben als Anhaltspunkte zu verstehen und beziehen sich auf Stand Frühjahr 2018.

Updates zum Buch

www.reise-know-how.de/citytrip/toronto18

Vorwahlen

Die Vorwahl von Kanada ist **001**. Ein dreistelliger Area Code – für Toronto die Nummer **416** (Zentrum), für neue Anschlüsse **647** und **437**, fürs Umland **905** (N) und **289** (S) – geht der siebenstelligen Rufnummer voraus.

Abkürzungen

Abgesehen von den bekannten Kürzeln für Tage, Monate und Himmelsrichtungen (E = East, W = West, usw.) wurden DZ für „Doppelzimmer", NS (Nebensaison) und HS (Hauptsaison: Victoria Day, Ende Mai, bis Labour Day, Anfang Sept.) sowie St. (Street), Rd. (Road), Sq. (Square), Ave. (Avenue), Hwy. (Highway), Pkwy. (Parkway), Blvd. (Boulevard) verwendet. Die in diesem Buch angegebenen Öffnungszeiten für Sonntage sind im Allgemeinen auch für Feiertage gültig. Sind aber zwei Endzeiten angegeben, so deutet dies auf variable Zeiten in der Neben- bzw. Hauptsaison hin.

Toronto ist derzeit eine der dynamischsten Städte in Nordamerika, eine Stadt im Umbruch, in der überall renoviert und gebaut wird. Die Architektur, die Lage am Lake Ontario, die Shopping-, Ausgeh- und Gastro-Szene sind hier ebenso außergewöhnlich wie das Kulturleben.

Neues Parkprojekt

„The Bentway" heißt ein neuer, unter dem Expressway entstehender Park und Trail mit Spielplätzen, Wochenmarkt und Ausstellungen. Neuester Teil ist der Mouth of the Creek [J13] Park zwischen Trail und Fort York (s. S. 21).

Waterfront im Umbruch

Entlang der Waterfront wird viel gebaut. Der Queens Quay wird zur alleeartigen Promenade umgewandelt. Eine Neugestaltung von Docks und Marinas ist ebenso geplant wie Renaturierungen (s. S. 18).

Neue Trendviertel

Evergreen Brick Works (s. S. 49), eine ehemalige Ziegelfabrik, beherbergt Läden und Lokale, aber auch Umweltorganisationen und einen Fahrradverleih. Sie gilt als wegweisendes „grünes Projekt" und hipper Treffpunkt. Neben West Queen West, dem Annex und dem Village entwickeln sich auch der King East Design District (s. S. 72) und der Distillery District (s. S. 36) zu neuen In-Vierteln.

Kunst und Kultur

Zeitgenössische Kunst zeigt die Power Plant Contemporary Art Gallery (s. S. 19). Im benachbarten Craft & Design (s. S. 76) lockt ein Laden mit Kunsthandwerk die Besucher.

Toronto für Citybummler

Touristisch gesehen ist Toronto noch eine wenig bekannte „Perle", doch die Zeit ist reif: Derzeit vibriert die Stadt wie kaum eine andere in Nordamerika. Alles scheint im Auf- und Umbruch, überall wird renoviert und gebaut. Torontos Architektur kann sich sehen lassen und die malerische Skyline vor dem tiefblauen Lake Ontario gehört zu den fotogensten der Welt. Viele Viertel sind dank ausgefallener Läden und einer breiten Palette an Lokalen prädestiniert für einen Bummel, das Nightlife blüht und etliche Museen genießen weltweit hohen Ruf.

Fast wie New York bietet die kanadische Metropole eine lange Liste an Attraktionen und vielseitigen, ethnisch oder von alternativen Szenen geprägten Vierteln. Alte Stadtteile wurden bzw. werden renoviert, die Old Town neu belebt und die Wolkenkratzerkulisse ist ein Hingucker. Das „neue" Toronto biedert sich nicht an, wer sich aber auf Entdeckungstour begibt, wird überrascht sein.

Einen spektakulären Ausblick über Toronto und darüber hinaus bietet sich vom **CN Tower** ❶. Von hier bekommt man ein gutes Gefühl für die Ausmaße der Stadt und ihre Lage direkt am Lake Ontario. Dann heißt es Abtauchen im Gewimmel des Geschäftsviertels, des CBD (Central Business District), mit seinen modernen, aber auch historischen Bauten wie der **Union Station** ❾ oder dem **Fairmont Royal York Hotel** ❿.

Toronto ist das Mekka des Eishockey, demnach sollte die beeindruckende **Hockey Hall of Fame** ⓫ auf dem Besichtigungsprogramm nicht fehlen. Wer während der Spielzeit in der Stadt ist, sollte den heimischen Maple Leafs im **Air Canada Centre** ❸ zusehen. Architektonisch sehenswert ist auch das **Rogers Centre** ❷ (früher: SkyDome), mit dem ersten verschließbaren Dach der Welt längst eines der Wahrzeichen der Stadt.

Im Zentrum der Innenstadt, die sich bei schlechtem Wetter oder Hitze auch unterirdisch via **PATH** (s. S. 90) erkunden lässt, befindet sich neben **Old** und **New City Hall** ⓭ das riesige Einkaufszentrum **Eaton Centre** ⓮ und daneben, an der Hauptachse **Yonge Street** ⓯, der **Yonge-Dundas Square** ⓰. Dieser Platz ist eine Art New Yorker Times Square en miniature.

Im Westen der Innenstadt stößt man auf eines der vibrierendsten und hippsten Viertel: **Queen West** ⓴. Daran anschließend erstreckt sich der **Entertainment District** ㉑.

Im Osten pulsiert in **Old Town** (s. S. 32) das Leben. Einst Kern der ersten Siedlung namens York, mauserte sich die Altstadt um den **St. Lawrence Market** ㉖, einem der besten Viktualienmärkte der Welt, und den **Distillery Historic District** ㉘, einer renovierten alten Schnapsbrennerei, zu einem der angesagtesten Teile der Stadt.

Lange Zeit vernachlässigt, mutiert die **Waterfront** ❹ zunehmend zur „guten Stube" Torontos. Im Sommer finden hier Feste und Konzerte statt, in der **Fort York National Historic Site** ❺ wird die Geschichte zu neuem Leben erweckt und im **Exhibition**

◁ *Blick vom CN Tower* ❶
auf Torontos Waterfront ❹

Bummel durchs Eaton Centre in Downtown Toronto ⓮

Place ❻ und **Ontario Place** ❼ vergnügen sich Familien. Wer der Hektik des Stadtlebens entfliehen möchte, hat mehrere Optionen: Am fotogensten ist die Fahrt mit der Fähre hinüber auf die **Toronto Islands** ❽. Hier fühlt man sich nicht nur in eine andere Welt versetzt, von hier ist auch der Blick auf die Skyline der Stadt umwerfend. Zum anderen könnte man es sich nach kurzer Tramfahrt im Viertel **The Beaches** ㊼ im Osten der Stadt am Strand gemütlich machen.

Kunstfreunde kommen in der Stadt voll auf ihre Kosten. Eine Spitzenposition nimmt das **ROM (Royal Ontario Museum)** ㉜ ein, speziell seit es mit einem spektakulären Anbau des Architekten Daniel Libeskind versehen wurde. Eine herausragende Sammlung und dazu einen Gehry-Anbau hat auch das Kunstmuseum **AGO (Art Gallery of Ontario)** ⓲ zu bieten. Ungewöhnlich ist die **Casa Loma** ㊱, ein Schloss, das sich vor über 100 Jahren der Chef der Elektrizitätswerke hoch über der Stadt errichten ließ. Weitere ungewöhnliche

Nahverkehr

*Toronto ist in Nordamerika neben New York und Chicago in Sachen Nahverkehr führend. Mit zwei Haupt-U-Bahn-Linien, unzähligen Straßenbahnen (Streetcars) und Bussen erreicht man mühelos und billig fast jede Ecke der Stadt (s. S. 110). Gerade die Straßenbahnen - „Ride the Rocket" heißt das Motto der Verkehrsbetriebe - machen Trips in die **Neighbourhoods** einfach. Manchmal braucht man nicht einmal die Linie zu wechseln, z. B. führt die Nr. 501 entlang der Queen Street zu den attraktiven Vierteln West Queen West* ㊸*, Queen West* ⓴*, Old Town (s. S. 32), Leslieville (s. S. 50) oder The Beaches* ㊼*.*

und sehenswerte Museen sind das **Gardiner Museum** ㉝ oder das **Bata Shoe Museum** ㉞.

Toronto ist eine Stadt der **Neighbourhoods** (s. S. 44), eine Metropole der unterschiedlichsten ethnischen und alternativen Stadtviertel. Die Palette reicht von **Old Town** (s. S. 32), dem noblen Einkaufsviertel **Bloor-Yorkville** ㉛ und dem umtriebigen **Annex** ㉟ über das Homosexuellenzentrum im **Village** ㉚, **Chinatown** ㊶ und das benachbarte alternative Zentrum **Kensington Market** ㊵ bis hin zu ethnischen Vierteln wie **Greektown** ㊺, **Little Italy** ㊷ oder **Little India** ㊻ und der „Strandgemeinde" **Beaches** ㊼. Derzeit besonders angesagte In-Viertel sind **West Queen West** ㊸, **Queen West** ⑳ oder **Leslieville** (s. S. 50) sowie die **Dundas Street West** [J/K11].

West Queen West und Queen West befinden sich am westlichen Abschnitt der Queen Street. Queen West liegt dem Stadtzentrum näher, West Queen West ist weiter außerhalb.

Kurztrip nach Toronto

Man kann in Toronto leicht eine Woche verbringen, ohne dass es langweilig würde, ideal ist ein Mindestaufenthalt von drei, vier Tagen. Bislang ist Toronto kein reines Städtereiseziel, obwohl es hierher viele und in der Nebensaison auch preiswerte Flüge gibt. Viele Reisende nutzen die Stadt als Ausgangs- oder Endpunkt ihrer Reise, da bietet es sich an, ein paar Tage in der Stadt einzuplanen. Für die Innenstadt sollte zumindest ein Tag (ohne längere Museumsbesuche) eingeplant werden, dazu kommen unbedingt einige „Neighbourhoods" und die Toronto Islands. Nachfolgend ein Vorschlag für vier Tage in der Stadt plus einem im Umland.

1. Tag: Spaziergang durch Downtown

Der erste Eindruck täuscht nicht: Die Innenstadt von Toronto ist überschaubar, bietet jedoch auf komprimiertem Raum viel Entdeckenswertes. Selbst bei schlechtem Wetter ist eine Besichtigungstour kein Problem, denn es gibt mit **PATH** (s. S. 90) ein Labyrinth an unterirdischen Gängen, welche die wichtigsten Bauten in Downtown miteinander verbinden. Zudem verfügt die Stadt über ein gut ausgebautes, dichtes **Nahverkehrssystem** (s. S. 110).

Der auf S. 13 beschriebene Spaziergang dient als Leitfaden für eine Stadtbesichtigung. Man kann die Metropole am Lake Ontario aber auch je nach Interessenslage individuell erkunden, denn sie ist bunt und vielseitig: **Architekturfreunde** können beim Spaziergang durch den Financial District ⑨ und Old Town (s. S. 32) sehenswerte historische und moderne Bauten bewundern.

Wer zum **Bummeln und Geldausgeben** in die Stadt gekommen ist (was angesichts des derzeit günstigen Dollarkurses keine schlechte Idee ist), für den ist das **Eaton Centre** ⑭ die erste Anlaufstation, doch auch Viertel wie Kensington Market (s. S. 46), Queen West (s. S. 30) oder The Annex ㉟ laden zum Shoppen ein.

Auf **Kunstfreunde** warten dagegen einige renommierte große Museen wie das **ROM** ㉜ oder das **AGO** ⑱, aber auch ungewöhnliche, kleinere Museen wie die **Hockey Hall of Fame** ⑪, das **Bata Shoe Museum** ㉞, das **Gardiner Museum** ㉝ oder die **Casa Loma** ㊲.

Toronto lebt wie New York City von seinen Bewohnern aus aller Welt, deshalb lohnt sich nicht nur ein Abstecher in die „hippen" Neighbourhoods wie **Kensington Market** ㊵, Queen West bzw. **West Queen West** ㊸, **The Beaches** ㊹, Leslieville (s. S. 50) oder **The Village** (s. S. 38), sondern auch die von unterschiedlichen ethnischen Gruppen geprägten Viertel wie **Chinatown** ㊶, Greektown (s. S. 48), **Little India** ㊻ oder **Little Italy** ㊷ sind für viele Entdeckungen gut.

Schließlich ist Toronto auch eine „grüne" Stadt: Gerade die Lage am Lake Ontario mit der Waterfront, den vorgelagerten und im Sommer gern als „Sommerfrische" genutzten **Toronto Islands** und **The Beaches** ㊹ im Osten bietet auch Besuchern die Möglichkeit für eine Erholungspause. Es gibt zudem ein umfangreiches Radwegenetz und zahlreiche **Parks** wie den High Park oder das renaturierte Don Valley.

Abends
An der **Queen Street West** (s. S. 30) pulsiert besonders abends das Leben des jungen Toronto. Ausgefallene Läden, Musikkneipen und preiswerte Lokale laden ein und auch der südlich angrenzende **Fashion District** ⑳ und **Entertainment District** ㉑ ziehen mit Theatern, Kinos, Musikkneipen und Restaurants Besucher an.

2. Tag: Old Town, Waterfront und Toronto Islands
Vormittags
Ideal für die Besichtigung von Torontos **Altstadt** wäre ein Samstag, denkbar ungünstig ist ein Montag, denn da ist der **St. Lawrence Market** ㉖ geschlossen. Grundsätzlich ist der auch von Dienstag bis Freitag einen Besuch wert, allerdings fehlt dann der **Farmers' Market**. Sonntags gibt es zwar keine Lebensmittel, aber einen **Flohmarkt**. Vor „peameal (bacon) on a bun" (einem Schinkenbrötchen) zum **Lunch** empfiehlt es sich jedoch, **Old Town** (s. S. 32) besichtigen.

Nachmittags
Bei schönem Wetter sollte man einen Bootsausflug auf die **Toronto Islands** ⑧ einplanen, wo sich ein beschaulicher und geruhsamer Nachmittag verbringen lässt.

Abends
Ein interessanter Tag zwischen Old Toronto und Inselwelt endet im **Distillery Historic District** ㉘. Aus der alten Schnapsbrennerei wurde ein **Galerie- und Vergnügungsareal**. Nach dem Bummel durch ausgefallene Läden und Galerien hat man die Qual der Wahl unter zahlreichen ausgefallenen und hervorragenden Lokalen.

3. Tag: ROM und Neighbourhoods
Vormittags
Die Besichtigung des **ROM (Royal Ontario Museum)** ㉜ kann durchaus einige Stunden in Anspruch nehmen, doch in nächster Nähe lohnen sich ebenfalls das **Gardiner Museum** ㉝ und das **Bata Shoe Museum** ㉞. Beim Bummel entlang der Bloor

Street gibt es anschließend genügend Gelegenheiten zum Imbiss und zu einer kleinen Pause.

Nachmittags

Die **Neighbourhoods** Torontos: Neben **Chinatown** 41 und **Kensington Market** 40, (s. 1. Tag) lohnt es sich, weitere Viertel mit der Straßenbahn zu entdecken. Im Westen liegt **Little Italy** 42, im Osten der Innenstadt lohnen das **(Gay) Village** 30 und **Cabbagetown** 29 sowie **Little India** 46 einen Abstecher.

Abends

Greektown 45, das griechische Viertel im Osten der Stadt um die Danforth Avenue, ist ideal für den Abend, da es hier massenhaft griechische Lokale gibt, die kurzzeitig das Gefühl vermitteln, in einer Taverne mitten in Athen zu sitzen.

◁ *Ein Abstecher zu den Niagara-Fällen* 50 *ist ein absolutes Muss!*

4. Tag: Ausflüge in die Außenbezirke

Vormittags

Ein besonderes Erlebnis ist die Fahrt mit der **Straßenbahn** entlang der Queen Street (s. S. 30). Die Achse durchquert die Stadt in Ost-West-Richtung und gibt auf bequeme Art und Weise einen interessanten Einblick in unterschiedlichste Stadtteile. Im äußersten Westen liegt **West Queen West** 43, das derzeit angesagteste alternative Viertel, dann geht es durch die Innenstadt, durch Leslieville zu den beliebten **Beaches** 47. Nach einem Strandspaziergang (oder im Sommer einem erfrischenden Bad) kann man hier eine Mittagspause einlegen.

Nachmittags

Im Umkreis der Stadt gibt es einige interessante Attraktionen wie das **Ontario Science Centre** 44 in Leaside, das **Black Creek Pioneer Village** 48 und die **Vaughan Mills**

Stadtspaziergang

(**Outlet Mall**) (s. S. 73) in North Toronto oder die sehenswerte **McMichael Canadian Art Collection** ㊾ in Kleinburg.

Abends
Nach erfolgter Besichtigung der Art Collection ㊾ böte sich ein Abstecher in den benachbarten Ort **Kleinburg** mit seinen kleinen Läden und Lokalen an. Alternativ wäre zurück in der Stadt ein Bummel durch das **(Gay) Village** ㉚ entlang der Church Street möglich, wo sich ebenfalls einige gute Lokale befinden.

5. Tag: Niagara Falls und Wine Country
Vormittags
Empfehlenswert ist ein Abstecher zu den **Niagara Falls** ㊿ im Mietwagen oder per organisierter Bustour (s. S. 103). Auch wenn der Ort selbst sehr touristisch ist und stellenweise schon an Las Vegas erinnert, ist das Schauspiel der Wasserfälle beeindruckend.

Nachmittags
Folgt man dem Niagara River, liegt dort, wo er in den Lake Ontario mündet, das beschauliche Städtchen **Niagara-on-the-Lake** 51 und ringsherum breitet sich das **Niagara-Weingebiet** aus. Zahlreiche Winzer bieten Führungen und Proben an. Wer genügend Zeit hat, sollte hier eine Übernachtung einplanen.

> **Routenverlauf im Stadtplan**
> Der hier beschriebene **Spaziergang** ist mit einer farbigen Linie im Stadtplan eingezeichnet.

Stadtspaziergang

Am besten beginnt man einen Spaziergang durch Torontos Innenstadt ganz oben und verschafft sich von der Aussichtsplattform des **CN Tower** ❶ einen Überblick. Wenn man möglichst früh am Morgen da ist, sind die Warteschlangen kurz und das Gedränge gering. Daneben erhebt sich die Sportarena Skydome/Rogers Centre.

Nur wenige Schritte entfernt befindet sich die zweite wichtige Station des Spaziergangs, das **Air Canada Centre** ❸. Jenseits der Union Station erreicht man die Innenstadt beim Fairmont Royal York Hotel; wenige Schritte davon entfernt befindet sich Brookfield Place, eine Mall, ein Teil davon ist die **Hockey Hall of Fame** ⓫. Nach Besichtigung dieser Eishockey-Ruhmeshalle lohnt ein Abstecher ins Viertel Old Town zum **St. Lawrence Market** ㉖ zu Imbiss und Pause, ehe der Rundgang nordwärts durch die Innenstadt zum **Eaton Centre** ⓮ führt, dem Top-Einkaufszentrum der Stadt.

Nach dem Einkaufsbummel setzt man die Besichtigung der Innenstadt von Toronto Richtung Westen entlang der Dundas Street fort. Highlight nach einer Stippvisite bei den **Old und New City Halls** ⓭ ist der Besuch der **AGO (Art Gallery of Ontario)** ⓲. Anschließend folgt man der Dundas Street West mitten hinein ins geschäftige **Chinatown** ㊶. Nur einen Steinwurf entfernt liegt der **Kensington Market** ㊵, wo man den Spaziergang mit einem Blick in ausgefallene Shops, Cafés und Lokale kombinieren kann. Bei schönem Wetter sollte man einen Abstecher zur **Waterfront** ❹ einplanen. Gerade abends wird hier im Sommer Einiges geboten.

Downtown

Der erste Eindruck täuscht: Toronto ist keine unpersönliche, moderne Stadt voller Wolkenkratzer. Fragt man einen Torontonian, wo er wohnt, wird er keine Straße angeben, sondern beginnen, von seinem Stadtteil zu schwärmen. Toronto ist nämlich eine Stadt der Neighbourhoods, der einzelnen Stadtviertel, und das mag ein Hauptgrund gewesen sein, dass die UNO Toronto zu einer der multikulturellsten Städte der Welt erklärt hat. Die Metropole am Lake Ontario ist eine vielgesichtige und lebendige Stadt, in der es viel zu entdecken gibt, auf kulturellem und kulinarischem Gebiet, aber natürlich auch in Bezug auf Nightlife, Sport (v. a. Eishockey) und Shopping.

Vom CN Tower ❶ – ein guter Startpunkt für jede Toronto-Besichtigung – stellt man rasch fest, dass das Zentrum der Stadt durchaus **überschaubar** ist. Im Süden vorgelagert ist die Waterfront ❹, wo zur Zeit viel gebaut wird und wo die Fähren und Aussichtsboote abfahren. Rings um die von Skyscrapern und neuen Apartmentblöcken markierte Downtown mit Entertainment District ㉑, Fashion District ⓴ und Yonge Street ⓯ breiten sich – besonders im Westen und Osten – die **Neighbourhoods** aus, rund 140 soll es in der City of Toronto geben (s. S. 44).

Vieles in der Innenstadt lässt sich gut zu Fuß erreichen und bei schlechtem Wetter nutzt man **PATH**, das unterirdische Tunnelsystem (s. S. 90). Da Torontos **Nahverkehrssystem** außerdem zu den besten und größten Nordamerikas zählt (und zudem preiswert ist), machen es Subway, Straßenbahnen und Busse auch für Besucher leicht, herumzukommen.

❶ CN Tower ★★★ [L13]

Der CN Tower prägt nicht nur das Gesicht Torontos, er gewährt von seiner Spitze auch einen guten ersten Überblick über Stadt, See und Umgebung. Zudem bietet sich der am Schnittpunkt zwischen Waterfront ❹ und Innenstadt gelegene Tower als idealer Ausgangspunkt für eine Entdeckungstour in Toronto an.

Der CN Tower wurde am 26. Juni 1976 nach 40-monatiger Bauzeit (unter Mithilfe von etwa 1500 Arbeitern) eröffnet. Seither ist er zum spektakulären, bei Nacht beleuchteten **Wahrzeichen der Stadt** und ganz Kanadas aufgestiegen. Mit seinen 553,33 m Höhe (181 Stockwerke) rühmt er sich, zu den zehn höchsten freistehenden Bauten der Welt zu zählen. Vier Außenaufzüge bringen die jährlich rund 2 Mio. Besucher mit 22 km/h in nur 58 Sekunden hinauf zu mehreren Aussichtsplattformen.

Auf 346 m Höhe hält der Aufzug zunächst auf dem sogenannten **Look Out Level** mit Indoor Observation Deck und Horizons Restaurant. Bis dato wurde die Hälfte der Grundfläche vom Lokal eingenommen und die Sicht war eingeschränkt. Bis Sommer 2018 wird renoviert und es werden ringsum Glaswände eingebaut. Es gibt hier einige Infotafeln zum CN Tower und anderen Hochhausbauten. Ein paar Stufen führen von hier hinunter zum **Glass Floor** auf 342 m: Auf einer Plexiglasscheibe stehend, blickt man schnurstracks hinunter zum Boden. Mutige fotografieren nach unten, nicht Schwindelfreie bleiben der Scheibe fern, Kinder testen auf- und abspringend die Stabilität der Scheibe. Außerdem gibt es hier eine **Outdoor SkyTerrace**.

Auf 351 m Höhe befindet sich das größte rotierende Restaurant der Welt,

Steam Whistle Brewing

Vor dem SkyDome und dem CN Tower erinnert das historische **John Street Roundhouse** (mit Toronto Railway Museum/TRM) von 1929 daran, dass die Eisenbahn einst das ganze Areal für sich beanspruchte. Nachdem der Lokschuppen 1988 funktionslos geworden war, stellte man ihn unter Denkmalschutz.

Dass heute nicht mehr Dampflokqualm die Luft schwängert, sondern der Duft von frisch gebrautem Bier, liegt an der **Brauerei** Steam Whistle Brewing, die 1998 ebenfalls hier einzog und seit 2000 leckeres **Pilsener** braut. „Do one thing really, really well", ist das Motto der Kleinbrauerei, die sich auf diese Biersorte spezialisiert hat.

Die Basis für Steam Whistle legten Cameron Heaps, Greg Taylor und Greg Cromwell. Nachdem **Upper Canada Brewing**, die erste „Microbrewery" in Toronto, die Heaps Vater gegründet hatte, in den 1990er-Jahren von einer Großbrauerei geschluckt wurde und alle drei auf der Straße standen, starteten sie mit ehemaligen Mitarbeitern in dem leer stehenden Lokschuppen einen neuen Versuch. Dieser hat sich mittlerweile zum Aushängeschild unter 37 „Craft Breweries" in Ontario gemausert.

Die „Good Beer Folks" brauen nach **bayerischem Reinheitsgebot**: Das Quellwasser kommt aus dem Hinterland Ontarios, die Gerste aus Saskatchewan, die Hefekulturen aus Ungarn und der Hopfen aus Bayern und Tschechien. Lange unter der Ägide eines tschechischen Braumeisters stehend, werden nun von rund 150 Mitarbeitern über 50.000 hl Pils im Jahr gebraut, damit gilt Steam Whistle schon als kleine „Craft Brewery" und dazu als erste „grüne" Brauerei Kanadas. Mehr über die Geschichte der Brauerei und die Braukunst im Allgemeinen erfährt man während der kurzweiligen Touren, die über höher gelegene „Catwalks" (Stege) guten Einblick in die Betriebsamkeit geben. Steam Whistle Brewing beliefert zahlreiche Lokale in der Stadt und außerhalb, es gibt einen Laden mit Ausschank und Kunstgalerie. Das Bier ist in den offiziellen Alkoholläden wie LCBO (s. S. 74) erhältlich. Die Brauerei sponsert verschiedene Events und Konzerte und veranstaltet in der Brauerei Partys wie Oktoberfest, Halloween Bash oder St. Patrick's Day.

🚇**30** *[L13]* **Steam Whistle Brewing,** 255 Bremner Blvd., The Roundhouse, http://steamwhistle.ca. Laden und Bar (Bier und kleine Snacks) Mo.-Sa. 11-18, So. 11-17 Uhr, Touren ab 11.30 Uhr halbstündlich bis 16 Uhr, Fr.-So. ohne Reservierung, ab C$ 10)

❯ **TRM,** 255 Bremner Blvd., tgl. 12-17 Uhr, C$ 5, www.trha.ca. Zahlreiche Loks und Wagen, historischer Bahnhof (Don Station), Wasserturm und Miniaturbahn

081tr Abb.: mb

das **360 Restaurant**, mit großer Weinkarte. Ein zweiter Aufzug bringt Besucher zum **SkyPod** auf 447 m. Spektakulär ist dort der **EdgeWalk**. Dabei spaziert man – angeseilt – auf einem 1,50 m breitem Vorsprung ohne Geländer um die Spitze des Towers.

Neben einer Spielearkade und diversen anderen Vergnügungen steht im Sockelbereich des Towers eine Cafeteria für den schnellen Imbiss zur Verfügung. Nebenan befindet sich das **Ripley's Aquarium of Canada** (s. S. 61), bestehend aus zehn Abteilungen, darunter die besonders sehenswerten „Canadian Waters" mit 17 verschiedenen Habitaten aus ganz Kanada. In der „Dangerous Lagoon" leben verschiedene, auch seltene Haie.

› 301 Front St., Tel. 416 8686937, www.cntower.ca, tgl. 9–22.30 Uhr, Tower Experience C$ 38 (ohne SkyPod), weitere Pakete, auch mit Aquarium, s. Website. Auch im CityPass (s. S. 60) enthalten. Zum EdgeWalk siehe www.edgewalkcntower.ca.

❷ SkyDome/Rogers Centre ★ [K13]

Zu Füßen des CN Towers liegt als markanter Blickfang das berühmte **Sportstadion** der Stadt, das 1989 als erstes Stadion mit **beweglichem Dach** eröffnet wurde: Es dauert ca. 20 Minuten die Fläche von etwa 32.000 m² zu öffnen oder zu schließen. Bekannt geworden als „SkyDome", heißt der Komplex mit Shops und Lokalen heute nach dem Sponsor, dem kanadischen Telekommunikationsgiganten Rogers, offiziell „Rogers Centre".

Von Weitem wirkt die Arena wie ein riesiger weißer Käfer, in dessen Inneren zwischen 54.000 und 70.000 Menschen Platz finden. „Hauptattraktion" im Stadion sind die **Blue Jays**, die lokale Baseballmannschaft, die zu ihren 81 Heimspielen pro Jahr im Schnitt über 39.000 Fans begrüßen dürfen. Aber es wird noch mehr geboten: Die Palette reicht von **Konzerten** über **Ausstellungen** und **Automobilshows**, **Rodeos** und **Wrestling** bis hin zu **Lesungen** – z. B. von J. K. Rowling (Autorin der Kinderbuchreihe „Harry Potter") vor über 12.000 Kindern.

Wenn gerade keine Veranstaltung stattfindet, geben interessante **Führungen** Gelegenheit, hinter die Kulissen zu blicken. Vor dem Nordzugang sind die auf den beiden Seiten angebrachten Skulpturen – „The Audience" – von Michael Snow beliebte Fotospots.

› 1 Blue Jays Way, Tel. 416 3412771, www.rogerscentre.com, „Rogers Centre Tour Experience" mit einstündiger „Behind the scenes"-Tour (www.mlb.com/bluejays/ballpark/tours), North Entrance, Gate 3, neben CN Tower, C$ 16

„The Impassioned": die Toronto Maple Leafs

*Auch wenn es derzeit sechs kanadische Mannschaften in der besten Eishockeyliga der Welt, der NHL, gibt, existieren in den Köpfen der meisten Kanadier lediglich zwei Teams: die Montréal Canadiens - **die „Roten"** - und die Toronto Maple Leafs - **die „Blauen".***

Seit Gründung der NHL im Jahr 1917 lieferten und liefern sich diese beiden Teams packende Duelle und bis in die 1960er-Jahre hinein galten die Leafs neben den Detroit Red Wings als die einzigen ernst zu nehmenden Gegner der Canadiens. Während die „Roten" immer wieder Grund zum Feiern hatten, müssen die Fans der Leafs schon ein besseres Gedächtnis haben, um sich an den letzten Erfolg zu erinnern: 1967 war der vorläufig letzte der insgesamt 13 Titelgewinne gelungen.

Seither können sich Fans den legendären **Stanley Cup**, die begehrte NHL-Meistertrophäe, nur als Kopie in der Hockey Hall of Fame ⓫ ansehen und davon träumen, dass die geliebten Maple Leafs endlich den „Pott" wieder ins Mekka des Eishockeys holen. Zwar strömen die Fans weiterhin in Scharen in das konstant ausverkaufte Air Canada Centre ❸ mit seinen 18.819 Plätzen, doch wenn die Leafs schlecht spielen, werden sie gnadenlos ausgepfiffen. Dann erinnert man sich mit verklärtem Blick an erfolgreichere Tage.

„The Passion That Unites Us All" - Eishockey ist eine Leidenschaft, die ganz Kanada gepackt hat. Das gilt in besonderem Maße für die „Impassioned", jene „leidenschaftlichen" Fans der Toronto Maple Leafs, der „Leafs Nation". Keine andere Stadt hat sich dem Eishockey stärker verschrieben als die Metropole am Lake Ontario.

Die Leafs sind das **Aushängeschild** von Maple Leaf Sports & Entertainment (MLSE), einem Sport- und Event-Unternehmen im Besitz von Lawrence Tanenbaum, der sein Vermögen im Straßenbau machte. MLSE gehört aber nicht nur die NHL-Mannschaft, sie besitzen auch das Air Canada Centre und eine Reihe weiterer Profisportteams. Dazu gehören die **Raptors,** das NBA-Team (National Basketball Association) der Stadt, die Fußballer vom **Toronto FC,** die derzeit mit über 27.000 Zuschauern pro Heimspiel im Sommer die Lieblinge der Stadt sind, sowie die **Marlies,** das Eishockeyteam in der zweitklassigen AHL (American Hockey League) und zugleich das Nachwuchsteam der Leafs.

› Infos im Netz: www.nhl.com/mapleleafs, www.nba.com/raptors, http://marlies.ca, www.torontofc.ca

❸ Air Canada Centre (ACC)/ Maple Leaf Square ★ [M13]

Die bis zu 21.000 Zuschauer (18.819 bei Eishockey, 19.800 bei Basketball) fassende **Mehrzweckhalle** wurde 1999 direkt südlich der Union Station ❾ gebaut. Sie löste damit funktional die legendäre, aber in die Jahre gekommene Eishalle im Zentrum, Maple Leaf Gardens (s. S. 38), ab. Abgesehen von Konzerten ist das ACC in erster Linie Heimat der heiß geliebten Eishockeyprofis der **Maple Leafs.** Den Bahnhof und das ACC verbindet eine überdachte **Fanzone,** in

◁ *Edward „Ted" Rogers vor der nach ihm benannten Sporthalle* der vor Heimspielen interaktive Spiele angeboten werden. Im ACC gibt es im Molson Canadian Brewhouse frisch gezapftes Bier, im Souvenirladen Fanartikel und Touren hinter die Kulissen des Stadions werden auch angeboten.

Zu den Projekten, das Areal zwischen dem CN Tower ❶, dem SkyDome ❷, dem Air Canada Centre und der Harbourfront ❹ attraktiver zu gestalten und einen Übergang zwischen Innenstadt und Harbourfront zu schaffen, gehört der **Maple Leaf Square** mit seinen beiden spektakulären Glastürmen. Er wird zwar den direkt im Süden der Halle vorbeiführenden Gardiner Expressway nicht vergessen machen können, doch in dem „Sports & Entertainment District" locken Restaurants und Bars, Läden, das Le Germain Boutique Hotel (s. S. 107), das neue Delta Toronto Hotel u. a. Serviceeinrichtungen – besonders vor und nach **Eishockey- und Basketballspielen**. Im Sommer gibt es zudem ein Freiluftkino. Maple Leaf Square und Air Canada Centre sind durch eine Glasbrücke miteinander verbunden. Auf der Westseite vor dem Stadion steht die Skulptur „Search Light, Star Light, Spot Light" – drei durchlöcherte Metallsäulen, die das Licht bündeln.

Daneben befindet sich seit November 2015 die **„Legends Row"**, wo legendäre Spieler der Maple Leafs mit lebensgroßen Bronzestatuen geehrt werden: Sly Apps (1936–1948), Ted Kennedy (1942–1957), George Armstrong (1949–1971), Johnny Bower (1959–1970), Darryl Sittler (1970–1982), Borje Salming (1973–1989), Dave Keon (1960–1975), Turk Broda (1936–1952), Tom Horton (1949–1970) und Mats Sundin (1994–2008).

› 40 Bay St., www.theaircanadacentre.com, keine Touren

❹ Waterfront ★★ [L14]

Am Seeufer, wo sich früher die Indianer trafen, wächst die moderne Skyline in den Himmel. Außerdem sind hier derzeit die meisten **Neubau- und Renovierungsprojekte** in Gang, von der „Waterfront Revitalization" bis zur Umgestaltung des Queens Quay zum attraktiven Waterfront Boulevard.

Die Stadt ist zum See hin ausgerichtet, wobei die Waterfront über lange Zeit nicht unbedingt Torontos schönste Seite war. Mittlerweile jedoch machte das ehemals dreckige und geschäftige Hafenviertel einen Wandel durch. Bis in die 1970er-Jahre wuchs die Region noch unkontrolliert. Damals entstand auch der verhasste Gardiner Expressway, der eine Barriere zwischen Innenstadt und Waterfront bildet. Dann wurde im Rahmen der „Waterfront Revitalization" vor allem eine überlegte Gestaltung der Waterfront zwischen Yonge Street ⓯ und Exhibition Place ❻ in Angriff genommen:

> **EXTRATIPP**
>
> **Radeln an der Uferpromenade**
>
> Man kann entlang einer Promenade ein Stück am Ufer entlangspazieren oder dem ausgeschilderten **Martin Goodman Trail** (Teil des Lake Ontario Waterfront Trail) folgen, der über 22 km entlang der ganzen Waterfront von den Beaches im Osten bis zum Humber River im Westen verläuft. Diese Strecke bietet sich ganz besonders für eine Radtour an.
>
> › **Informationen** und eine aktuelle **Cycling Network Map** zum Herunterladen gibt es unter www.toronto.ca/services-payments/streets-parking-transportation/cycling-in-toronto bzw. unter www.ibiketo.ca.

Boardwalks, Parkanlagen, Piers, Veranstaltungsareale, Läden, Lokale und Bootsanlegestellen sowie spektakuläre Wohnkomplexe wie Pier 27 und die alleeartig ausgebaute Hauptachse Queens Quay entstanden. Westlicher Punkt der Uferpromenade ist der Vergnügungspark **Ontario Place** ❼ mit dem ersten IMAX Theatre der Welt und einem Wasser-Freizeitpark. Am östlichen Ende der Waterfront wird das alte Hafenareal zur „Port Lands Flood Protection" umgestaltet, zu einer renaturierten Marschlandschaft.

Einst befand sich das Seeufer weiter landeinwärts, etwa dort, wo heute die Front Street verläuft. Im Zuge der Eröffnung des St.-Lawrence-Kanals 1959 wurden große Teile des vorgelagerten Areals **aufgeschüttet** und der moderne Hafen entstand. Heute konzentriert sich das eigentliche Hafenareal auf den Bereich im Südosten, während die alten Anlagen entlang dem Seeufer südlich der Innenstadt städtebaulich neu gestaltet wurden. Alte Lagerhallen wurden zu **Apartmentbauten, Hotels, Restaurants, Cafés** und **Läden** umgestaltet und mehrere **Jachthäfen** entstanden. An einem der alten Hafenpiers weiter östlich hat der Vergnügungs-/Nightlife-Komplex **Polson Pier** (s. S. 70) eröffnet. Im Sommer spielt sich hier am Wasser ein Großteil des **kulturellen Lebens** ab. Da die Straßenbahnlinie 509 der Waterfront zwischen Union Station ❾ und Exhibition Place ❻ folgt, ist die Fortbewegung kein Problem.

Das Herz der Waterfront schlägt im sogenannten **Harbourfront Centre** (www.harbourfrontcentre.com) am Queens Quay W zwischen York Street und Simcoe Street. Hier steht u. a. der **Queen's Quay Terminal** (s. S. 73), eine ehemalige Lagerhalle von 1926, die allen Abrissplänen trotzte und schließlich umgebaut wurde. Heute sind hier neben Büros und Apartments ein Lebensmittelladen (Fresh Sobeys Foodhall) und die Veranstaltungsbühne Fleck Dance Theatre zu finden. Derzeit laufen noch Renovierungsarbeiten und es bleibt zu hoffen, dass mehr Läden und Lokale einziehen.

Vom östlich vor dem Terminal gelegenen Hafenbecken – Pier 6 – starten verschiedene **Ausflugsboote** (s. S. 105). Im kleinen blauen Kiosk an der Kopfseite des Hafenbeckens an Pier 6 (Ende York St./Queens Quay W) befindet sich außer einem Café, einem Souvenirshop und einem Ticketverkaufsstand von Toronto Tours im Sommer auch eine kleine Infostelle der Stadt (s. S. 98). Der östlich gelegene **Jack Layton Ferry Terminal** wird derzeit ebenfalls neu gestaltet.

Den zweiten Teil des Harbourfront Centre bildet das Kraftwerk **Power Plant** mit der **Contemporary Art Gallery** (231 Queens Quay W). Der Bau war mit dem benachbarten **Ice House,** wo ungeachtet der drei Geister, die hier spuken sollen, das Harbourfront Centre Theatre eingezogen ist, 1929 zur Energieversorgung entstanden. 1980 wurde die Fabrik umgebaut und seit 1987 finden hier Ausstellungen zeitgenössischer Kunst statt.

> **KLEINE PAUSE**
>
> **Toronto Music Garden**
> Von Juli bis Mitte September finden unter dem Motto „Summer Music in the Garden" im Toronto Music Garden 18 Gratiskonzerte bzw. -aufführungen und zudem Gartentouren statt.
> ❯ 479 Queens Quay W, Gratiskonzerte verschiedener Musikrichtungen, meist Do. 19 und So. 16 Uhr, Details siehe www.harbourfrontcentre.com/summermusic

Der dritte Teil des Komplexes ist der **Bill Boyle Artport**, das Harborfront Centre Main Building (235 Queens Quay W), eine Lagerhalle, in die u. a. Kunsthandwerker und Künstler mit ihren Studios und Werkstätten eingezogen sind. Die „Craft & Design" genannten Räumlichkeiten sind zugänglich, angeschlossen ist ein gut sortierter Shop mit Kunsthandwerk und Kunst. Außerdem finden verschiedene Veranstaltungen wie Lesungen oder Theateraufführungen statt und es gibt ein Café. Im Wasserbecken an der Südseite des Baus lassen im Sommer Hobbykapitäne ihre Modellboote zu Wasser, im Winter fungiert es als Eislaufbahn. Vorgelagert, direkt am Seeufer, liegt die **Harbourfront Centre WestJet Stage**, wo im Sommer regelmäßig Open-Air-Konzerte stattfinden, vielfach gratis. Im Westen lädt jenseits der Marina dann das **Amsterdam BrewHouse** (s. S. 72) zu einem Absacker ein.

Nicht versäumen sollte man ein Stück westlich gelegenen **Toronto Music Garden** (479 Queens Quay W, s. S. 19), ein ungewöhnlicher, kleiner botanischer Garten am See. Er entstand in Zusammenarbeit des Cellisten Yo Yo Ma und der Landschaftsarchitektin Julie Moir Messervy, inspiriert von Johann Sebastian Bachs Cello Suite Nr. 1. Die sechs Teile (Allemande, Courante, Sarabande, Menuett, Gigue und Präludium) entsprechen den Abteilungen des Gartens.

Entlang der Waterfront verkehrt zwischen Exhibition Place und Union Station die Straßenbahnlinie 509.

> **Infos:** unter www.harbourfrontcentre.com bzw. www.thepowerplant.org sowie www.waterfronttoronto.ca

> *Alt und Neu in nächster Nähe: Blick von Fort York auf Downtown*

❺ Fort York National Historic Site ★ [I13]

Am südwestlichen Innenstadtrand, zwischen Eisenbahn und Expressway, liegt Old Fort York. An derselben Stelle befand sich bereits zwischen 1750 und 1759 ein Vorgänger namens „Fort Rouillé" (auch „Fort Toronto" genannt), ein französischer Handels- und Wachposten. 1793 wurde im Auftrag von Lieutenant Governor John Graves Simcoe der **britische Militärposten** Fort York zum Schutz der hier geplanten Provinzhauptstadt von Upper Canada erbaut. Etwa 650 Soldaten waren stationiert, sie hatten jedoch keine Chance, als im April 1813 während des sogenannten „War of 1812" US-Truppen Toronto angriffen. Die Briten zogen sich zurück – nicht ohne ihr Munitionslager zu sprengen – und die US-Truppen besetzten kurzzeitig das Fort und die Stadt. Nach dem Friedensschluss im Jahr 1814 hatte das Fort zwar keine militärische Bedeutung mehr, wurde aber trotzdem wieder aufgebaut und als Trainingsgelände der Armee bis in die 1920er-Jahre genutzt.

Die Festung wurde später als **historisches Denkmal** unter Schutz gestellt und acht Gebäude wurden im Stil von 1812 wiederaufgebaut. Neben Führungen über das Gelände finden im Sommer sogenannte **Reenactments** statt: Schauspieler in Soldaten-Outfit führen dann vor der Kulisse des modernen Toronto Paraden wie im 19. Jh. vor. In den Bauten wurden Unterkünfte, Offiziersmesse und Munitionsdepot eingerichtet und verschiedene Ausstellungen arrangiert, die über die Geschichte der Region, die Seefahrt auf dem Lake Ontario, die Geschichte der britisch-kanadischen Armee zwischen 1793 und

1870, den Beitrag der schwarzen Bevölkerung in der Frühzeit oder die archäologischen Forschungen auf dem Areal informieren. Einen guten Einstieg ins Thema bietet das neue **Fort York Visitor Centre** mit Ausstellungen und Film. Es ist Teil des gegenwärtig laufenden Projekts **The Bentway** (www.thebentway.ca), bei dem das Areal unter dem Gardiner Expressway zwischen Strachan Ave. und Bathurst St. über 1,75 km zum Freizeitareal umgestaltet wird. Dazu gehört auch der **Mouth of the Creek Park**, eine grüne Oase unter bzw. neben Bathurst Bridge und Fort York (www.publicwork.ca/index/#/creek-park).

› Fort York Visitor Centre, 250 Fort York Blvd., www.fortyork.ca und www.fortyorkfoundation.ca/the-visitor-centre, Jan.–Mai sowie Sept.–Dez. Mo.–Fr. 10–16, Sa./So. 10–17 Uhr, Mai–Sept. tgl. 10–17 Uhr, C$ 14. Ab Union Station Tram 509 oder ab Bathurst St. Nr. 511.

❻ Exhibition Place ★ [G13]

Nur wenige Schritte von Fort York entfernt, erhebt sich das **Prince's Gate**, der Hauptzugang des **Ausstellungsgeländes**, das 1879 anlässlich der Canadian National Exhibition angelegt wurde und heute als das größte Kanadas gilt. Bis heute finden hier verschiedenste Großveranstaltungen – Autorennen, Messen (im Enercare Centre) oder Events – statt. Das **Beanfield Centre** (105 Princes' Blvd.), ein Konferenzzentrum, zog in das alte Automotive Building ein und das 1922 erbaute **Ricoh Coliseum** wurde in eine Eisarena mit rund 8300 Plätzen umgebaut. Seit 2005 tragen hier die **Marlies**, das Profinachwuchsteam der Maple Leafs, ihre Spiele aus (s. S. 17).

Im Osten des Areals wurde 2007 das **BMO Field** eröffnet. Hier spielen die Profimannschaft **Toronto FC** (Fußball), Mitglied der Profiliga MLS, und die **Toronto Argonauts**, eine Mannschaft der professionellen Canadian Football League (CFL). Wie groß die Fußballbegeisterung in Toronto ist, kann man während der Saison von April bis Sept. erleben, wenn das Stadion oft mit fast 31.000 Zuschauern ausverkauft ist und die Fans begeistert ihr Team anfeuern.

› Am Lake Shore Blvd. W zw. Strachan Ave. und Dufferin St., www.explace.on.ca. Ab Union Station mit Tram 509 oder ab Bathurst St. mit Tram 511.

❼ Ontario Place ★ [G15]

Südlich des Ausstellungsareals, direkt am bzw. teilweise im Lake Ontario, liegt Ontario Place, einst ein riesiger **Vergnügungspark** mit Erlebnisbad und IMAX-Kino, dem ersten IMAX der Welt! 1971 auf drei künstlichen Inseln eröffnet, besticht das Areal vor allem durch seine Lage am Seeufer mit Bootshafen und durch seine familienfreundlichen Attraktionen. Angeschlossen ist die Budweiser Stage (909 Lakeshore Blvd. W, s. S. 68), die für Konzerte und Veranstaltungen genutzt wird. **RCB Echo Beach** (909 Lakeshore Blvd.) steht für Veranstaltungen zur Verfügung, z. B. für Caribana Toronto Ende Juli/Anf. Aug. (s. S. 45). Kürzlich neu eröffnet wurden **Trillium Park und William G. Davis Trail** – Grünflächen und Wege – sowie das IMAX-Theater **Cinesphere** (http://ontarioplace.com/en/cinesphere).

› 955 Lake Shore Blvd. W, http://ontarioplace.com bzw. www.mtc.gov.on.ca/en/ontarioplace (Infos zur neuen Begrünung u. a. Zukunftsprojekten), mit Tram 509 ab Union Station oder mit Tram 511 ab Bathurst St.

❽ Toronto Islands ★★★ [J15]

Die Fahrt zu den vorgelagerten Toronto Islands ist bei schönem Wetter ein absolutes Highlight. Allein der Blick auf die Skyline ist atemberaubend.

Die Kette kleiner Inseln war ursprünglich eine Halbinsel, die einen natürlichen Hafen entstehen ließ, der vom Lake Ontario geschützt war und bewirkte, dass der Ort besiedelt wurde. Ein verheerender Sturm mit einer Flutwelle zerstörte 1858 jedoch Teile der Halbinsel und ließ einen Abschnitt im Osten komplett versinken, sodass sich die heutige Hafenzufahrt öffnete. Einst ein **heiliger Ort der Indianer**, zogen in den 1830er-Jahren erstmals Weiße hierher, doch erst in den 1920er-Jahren entstanden Ferienhäuser und Strandbäder.

Heute werden nur die beiden östlichen Inseln, **Ward's Island** und **Algonquin Island**, von etwa 700 Torontonians bewohnt (http://torontoisland.org). In der Nachkriegszeit waren die Inseln aufgrund von Wohnungsnot als Siedlungsareal ausgewiesen worden und bis Mitte der 1950er-Jahre verzeichneten die „Islands" fast 10.000 Einwohner. Während der Ausweitung des Hafenareals in den späten 1950er-Jahren wurden zahlreiche Bauten abgerissen und erst in den letzten Jahrzehnten hat man die Inseln als Naherholungs- und Naturschutzgebiet wiederentdeckt. Als man vor einigen Jahren versuchte, sämtliche „Insulaner" loszuwerden und alles zur Schutzzone zu erklären, setzten die Bewohner eine Verlängerung des Pachtvertrags um 99 Jahre durch. Inzwischen ist es nämlich schick geworden, hier zu leben, obwohl Autos verboten sind, es kaum Infrastruktur gibt und im Winter Fähren nur selten fahren.

Die wichtigsten Teile (von Osten nach Westen) sind **Ward's Island, Algonquin Island und Centre Island** sowie **Hanlan's Point**. Sie sind miteinander verbunden: Centre Island und Ward's Island sogar durch eine 2,5 km lange, attraktive Uferpromenade, Algonquin Island mit Ward's Island durch eine Brücke und außerdem gibt es drei Fähranlegestellen (Hanlan's Point, Centre und Ward's Island Ferry Dock). Die übrigen der 18 Inseln sind unbewohnt. Heute sind die Toronto Islands ein beliebtes und autofreies Ausflugsziel. Auf etwa 7 km

Länge kann man zwischen den zusammenhängenden Hanlan's Point, Centre und Ward's Island baden, paddeln oder radeln (Fahrradverleih vorhanden).

Den nördlichen Teil von **Hanlan's Point** nimmt der kleine Flughafen ein. Er wird nur von kleinen Maschinen – z. B. von Ottawa und Montréal – angesteuert und zumeist für Trainingszwecke genutzt. Hanlan's Point selbst galt ab den 1880er-Jahren als „Toronto's Coney Island". Damals befanden sich hier ein Vaudeville Theatre, Tanzlokale, ein Vergnügungspark sowie ein Baseballstadion. Der Großteil wurde 1937 für den Flughafen zerstört. Er ist bis heute vom Festland nur per Fähre vom Little Norway Park (Bathurst St./Queens Quay W) erreichbar – die mit 60 Sek. kürzeste Fährverbindung der Welt! Heute ist Hanlan's Point vor allem wegen der beiden Sandstrände beliebt. Anknüpfend an die Institution eines Nudistentreffs zwischen 1894 und 1930, gibt es seit 1999 hier wieder einen FKK-Strand (Hanlan's Point Beach).

Am Übergang zu Centre Island, im Südwesten, erhebt sich das **Gibraltar Point Lighthouse** von 1808, Torontos ältester Bau. Im Leuchtturm soll der Geist des ersten Leuchtturmwärters spuken, der 1815 spurlos verschwand. Hauptattraktion der Islands ist heute der **Centreville-Vergnügungspark** mit etwa 30 Fahrgeschäften, der sich auf einem per Brücke angebundenen Teil von Centre Island befindet. Nahe dem Ferry Dock genießt man vom Island Paradise Restaurant den Blick auf die Skyline der Stadt.

›**Fähren** (C$ 7,71 H/R) zu den Inseln (ca. 15 Min.) ganzjährig ab Jack Layton Ferry Terminal (9 Queen's Quay W/ Bay St., hinter Westin Harbour Castle Hotel), auch Fahrradtransport. Sie verkehren je nach Zielort zwischen 6.35 und 23.30 Uhr (an Wochenenden länger als werktags) etwa halbstündig auf drei Routen: Hanlan's Point Ferry (zum Strand), Centre Island Ferry (zum Vergnügungspark) und Ward's Island Ferry (zum bewohnten östlichen Teil). Nur letztere fährt auch im Winter regelmäßig. Infos und Abfahrten: www.toronto.ca/explore-enjoy/parks-gardens-beaches/toronto-island-park.

❾ Union Station und Financial District ★ [M13]

Der geschäftige Hauptbahnhof wirkt zusammen mit dem gegenüberliegenden Fairmont Royal York Hotel ❿ vor der Kulisse der modernen Hochhäuser des **Financial District**, auch CBD (Central Business District), wie ein Relikt längst vergangener Zeiten.

Dieses Areal nördlich des Bahnhofs, zwischen Front und College Street sowie Yonge Street und University Avenue, ist nicht nur das Geschäfts- und Finanzzentrum: Hier befinden sich auch die Hockey Hall of Fame ⓫ und das Eaton Centre ⓮.

Besonders zwischen Bay und King Street schlägt das finanzielle Herz Kanadas, hier sind die meisten kanadischen **Bankgiganten** zu Hause. Banken hatten in den 1920/1930er-Jahren mit dem „Commerce Court North", der einstigen **Canadian Imperial Bank of Commerce** (1929–1931, 25 King St. W), den ersten eigentlichen Bauboom in Toronto initiiert und speziell seit den 1980er-Jahren, als viele Banken und Versicherungen von Montréal nach Toronto umzogen, entstanden viele beeindruckende Neubauten. Der vergoldete Büroturm der RBC – Royal Bank of Canada, die RB Plaza (200

Bay St.), ist nur eines der auffälligsten modernen Beispiele.

Die klassizistische **Union Station** wurde 1915–27 im Auftrag der Canadian National Railway erbaut und vom Prince of Wales, dem späteren König Edward VIII., schließlich eingeweiht. Mit seinen fast 260 m Länge dominiert der mächtige Klotz die Front Street auch heute noch. In den 1970er-Jahren sollte er abgerissen werden und hat es verschiedenen Bürgerinitiativen zu verdanken, dass er heute zu den Wahrzeichen der Stadt zählt und dazu als zentraler Hauptbahnhof für VIA Rail, Amtrak und die grünen GO-Nahverkehrszüge fungiert. Er wurde unlängst umfassend renoviert und modernisiert.

Die Station ist an das U-Bahn- und Straßenbahnsystem angeschlossen und somit **wichtigster Knotenpunkt des öffentlichen Nah- und Fernverkehrs.** Seit 2015 verkehrt von hier die S-Bahn zum Flughafen (UP Express, s. S. 92). Im Untergeschoss befindet sich neben Shops und Imbissbuden auch der Zugang zu PATH (s. S. 90) Richtung Air Canada Centre ❸ bzw. zur Innenstadt.

› 65 Front St. W, www.torontounion.ca

❿ Fairmont Royal York Hotel ★ [M13]

Gegenüber dem Bahnhof ließ die Eisenbahngesellschaft Canadian Pacific in den 1920er-Jahren eine schlossartige Luxusherberge im Stil seiner anderen Tophotels – z. B. das Banff Springs Hotel, das Empress in Victoria oder Ottawas Château Laurier – erbauen. Das Royal York, im Zweiten Weltkrieg als Spital dienend, in den 1950er-Jahren modernisiert und 2002 erneut renoviert, zählt zu den **Spitzenhotels** weltweit und wartet mit etwa 1500 nobel ausgestatteten Zimmern auf 25 Stockwerken auf.

Die Liste der **illustren Gäste** ist lang – von Präsidenten über Showstars bis hin zur Queen – und ebenso lang ist die Liste großer Künstler, die im Imperial Room oder Roof Garden Ballroom des Hotels auftraten: Ella Fitzgerald, Marlene Dietrich, Count Basie, Benny Goodman und Tommy Dorsey sowie Glenn Miller gehörten dazu.

Bei seiner Eröffnung im Jahr 1929 galt das Fairmont als das größte Hotel im Commonwealth – heute hält das weiter nördlich gelegene Chelsea Hotel Toronto (s. S. 108) diesen Rekord. Selbst wenn man hier nicht absteigen kann, sollte man einen Blick in die Lobby und die Ladengalerie werfen oder sich einen Nachmittagstee gönnen.

Östlich neben dem Hotel erhebt sich, unübersehbar wegen seiner „goldigen" Fassade, die **Royal Bank Plaza** (200 Bay St.), Hauptsitz der Royal Bank of Canada (RBC). 1977 erbaut, verfügt das Gebäude an den beiden Türmen über 14.000 verspiegelte Fenster, die mit 24-karätigem Gold isoliert wurden.

› 100 Front St. W, Tel. 416 3682511, www.fairmont.com/royal-york-toronto

⓫ Hockey Hall of Fame ★★★ [M13]

Wer Kanada und seine Leidenschaft für Eishockey verstehen möchte, muss die Hockey Hall of Fame, die Ruhmeshalle des Eishockeys, besuchen. Hier erfährt der Besucher auf rund 5100 m² alles über „Hockey", den kanadischen Nationalsport.

Der **Brookfield Place** (181 Bay St., gegenüber Royal Bank Plaza) gehört zu den ungewöhnlichsten Hochhauskomplexen im CBD und vereint an der Yonge Street auf interessante Weise eine Reihe historischer Bauten. Beispielsweise wurde die Fassade der ehemaligen Midland District Bank von 1845 gelungen in eine 1992 von Santiago Calatrava fertiggestellte, fast schwebende Glaskonstruktion, die **Allen Lambert Galleria**, integriert. Diese sechsstöckige Galerie verbindet zugleich die beiden Hochhäuser Bay Wellington Tower (49 Stockwerke, 207 m) und TD Canada Trust Tower (53 Stockwerke, 261 m). In der Galleria liegt der Zugang zu einem der Topmuseen der Stadt, der **Hockey Hall of Fame (HHOF)**.

Die HHOF begrüßt Besucher am Eingang mit der **„NHL Zone"** mit Infos zur Liga und dazwischen Schaukästen über ihre Stars und Mannschaften. Außerdem gibt es Ausstellungsbereiche über Eishockey in aller Welt und den verschiedensten Ligen Nordamerikas, über Junioren, Universitäts- und Fraueneishockey, über aufgelöste Ligen und Mannschaften. Eine nachgebaute Kabine der Montréal Canadiens, ein riesiges interaktives Spieleareal, die „Broadcast Zone" und zwei Kinos mit verschiedenen Filmen über die Faszination Eishockey und besondere Spiele sind immer umlagert.

Highlight ist jedoch der **Stanley Cup**, der als Kopie in der Rotunde des integrierten ehemaligen Bankbaus der BMO (Bank of Montréal, Ecke Yonge/Front St.) von 1886 steht (das Original wird in einem Tresor im Nebenraum aufbewahrt). Abgesehen vom Pokal fungiert die „Great Hall" als Ruhmeshalle des Eishockeys und auf Glastafeln sind über 300 bisher nominierte Persönlichkeiten aufgelistet. Die Rotunde mit ihrer verglasten Kuppel wird außen, an der Ecke Yonge/Front St., durch die sehenswerte Skulptur „Our Game" von Edie Parker geschmückt.

› 30 Yonge St., Tel. 416 3607765, www.hhof.com, Mo.–Sa. 9.30–18, So. 10–18 Uhr, NS kürzer, C$ 19. Mit großem „Spirit of Hockey"-Shop.

⓬ Toronto-Dominion Centre ★ [M12]

Die Bauten des „TD Centre" (King/York St.) sind ein sehenswertes Beispiel für den *International Style* aus der Mitte der 1960er-Jahre und gehen auf Pläne von Mies van der Rohe (1886–1969) zurück. Sie sind stilistisch mit dessen Federal Center in Chicago oder dem Seagram Building in New York vergleichbar.

Das Innere des Bank- und Bürogebäudes ist den antiken Caracalla-Thermen in Rom nachempfunden und mit Wandmalereien zur Geschichte Kanadas geschmückt.

› Zugänglich sind nur die zentrale Bankhalle und das **Canoe Restaurant** (s. S. 67) im 54. Stock des Hauptturms des **TD Bank Tower** (66 Wellington W/Bay St.), von wo sich ein toller Ausblick auf die Stadt bietet.

› Im südlichsten der Bauten ist die **TD Gallery of Inuit Art** (79 Wellington St. W, https://art.td.com, Mo.–Fr. 8–18, Sa./So. 10–16 Uhr, Eintritt frei) besuchenswert. Hier sind etwa 200 Inuit-Kunstwerke aus der 2. Hälfte des 20. Jh. ausgestellt. Eine Broschüre kompensiert die mangelnde Beschriftung.

⓭ Old And New City Hall ★ [M11]

Folgt man der Bay Street weiter nach Norden, passiert man u. a. den Neubau der BMO (302 Bay St.) und das Canada Permanent Building mit der Banking Hall von 1930 im ägyptisierenden Stil (320 Bay St.). An der Nordostecke Bay/Adelaide Street steht ein 2012 von Donald Trump als Bauherrn fertiggestellter Hochhauspalast mit Wohnungen und Hotel, das frühere Trump International Hotel & Tower, jetzt **Adelaide Hotel Toronto**.

Die Bay Street erhielt ihren Namen vom Kaufhaus der Hudson's Bay Company, **Hudson's Bay** (s. S. 73), das sich zwischen Bay und Yonge sowie Richmond und Queen St. ausbreitet. Erbaut 1895/1896 mit späteren Zufügungen, handelt es sich um ein Einkaufsparadies auf mehreren Ebenen, in dem es in der **Hudson's Bay Company Gallery** kanadische Kunst gibt.

Das neue Rathaus steht am **Nathan Philips Square** (100 Queen St. W), benannt nach dem Bürgermeister, der den Neubau initiierte. Derzeit laufen im Umkreis noch Verschönerungs- und Modernisierungsmaßnahmen. Abgesehen von einem „Sculpture Court", u.a. mit einer Bronzeskulptur namens „The Archer" („Der Bogenschütze") von Henry Moore, gibt es einen „Peace Garden". Ein „Green Roof" auf dem Rathaus ist in Arbeit. Ein von den „Freedom Arches" überbrücktes Wasserbecken, das im Winter als beliebte Eislaufbahn (mit Skate-Verleih) fungiert, dient im Sommer als Veranstaltungsort für kostenlose Konzerte. „Fresh Wednesdays" gibt es während des **Farmers' Markets** mittwochs (8–14 Uhr, Juni–Okt.). Im Juli findet die Toronto Outdoor Art Exhibition (www.torontooutdoorart.org) statt.

Die **Old City Hall** (60 Queen St. W) gegenüber dem Platz, heute die Justizbehörde, wurde 1899 nach Plänen von Edward James Lennox erbaut. Das prächtige Gebäude im *Romanesque Revival Style* verfügt über einen markanten 104 m hohen **Uhrturm** und eine sehenswerte Eingangshalle mit aufwendigen Glasfenstern und Mosaikboden.

Wegen des rapiden Wachstums der Stadt war in den 1960er-Jahren ein Neubau fällig geworden und die **New City Hall** entstand 1965 nach Plänen des finnischen Architekten Viljo Revell in Gestalt zweier sichelförmiger, 20- bzw. 27-geschossiger Hochhäuser mit zentralem Kuppelbau. Das Erdgeschoss ist frei zugänglich, hier befindet sich zugleich ein interessantes Stadtmodell, es gibt Infos zur Stadt und über die Baugeschichte. Das Bürgermeisterbüro liegt genau über dem Haupteingang.

› 100 Queen St. W, Mo.–Fr. 7.30–21.30, Sa./So. 8–18 Uhr, www.toronto.ca

⓴ **Eaton Centre** ★★★ [M11]

Östlich vom alten Rathaus breitet sich entlang der Yonge Street (zwischen Queen und Dundas St.) das größte Einkaufszentrum der Stadt, das Eaton Centre, aus.

1977 eröffnet und in den 1980er Jahren erweitert, erhielt das Shoppingcenter seinen Namen von dem **Kaufhaus Eaton**, dessen erste Filiale 1869 von Timothy Eaton in Toronto eröffnet worden war. 1999 bankrottgegangen, erwarb die Kaufhauskette Sears die 13 lukrativsten von 64 Filialen. Im Einkaufszentrum befinden sich rund 230

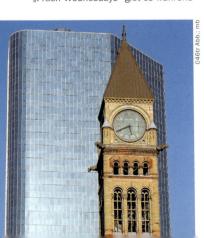

Läden, Serviceeinrichtungen, Restaurants und Cafés auf mehreren Ebenen, außerdem umfasst der Komplex drei Bürotürme. Zu den Sehenswürdigkeiten gehört „Flight Stop", eine Skulptur von Michael Snow – ein Schwarm fast echt wirkender Kanadagänse, die am Glasdach aufgehängt sind. Überragt wird alles von der hohen Glasgalerie von Eb Zeidler, der als Vorbild die Mailänder Galleria Vittorio Emanuele II. benutzte und modern interpretierte.

Am Südende führt eine Glasbrücke über die Queen Street zum **Kaufhaus Hudson's Bay** (s. S. 73), im Norden führt ein unterirdischer Gang zu einem zweiten, kleineren Shopping Centre, **Atrium** (s. S. 73), u. a. mit einer Filiale von LCBO (Spirituosen) und der Kin Kin Bakery. Zudem sind es von hier nur ein paar Schritte zum größten Hotel des Commonwealth, dem Chelsea Hotel (s. S. 108).

› 220 Yonge St., Mo.–Fr. 10–21.30, Sa. 9.30–21.30 und So. 10–19 Uhr, www.cfshops.com/toronto-eaton-centre.html, www.atriumtoronto.com

⓯ Downtown Yonge Street ★ [M11]

Die **Yonge Street** – ausgesprochen wie der berühmteste Musiker der Stadt, Neil Young – bildet die traditionelle Nord-Süd-Hauptachse der Stadt. Sie wurde bereits bei Stadtgründung 1793 angelegt und nach dem damaligen britischen Kriegsminister Sir George Yonge benannt. Am Südende wurde der Bahnhof (Union Station ❾) erbaut und erste Läden siedelten sich an.

◁ *Die Old City Hall vor der modernen Hochhauskulisse des Cadillac Fairview Tower (Teil des Eaton Centre ⓮)*

Heute reihen sich auf rund 2,5 km Strecke bis zur Bloor Street Boutiquen, Ramschläden, Imbisslokale, Hochhäuser und historische Bauten aneinander. Die Straße zieht sich nach der zentralen Kreuzung mit der Bloor Street weiter nordwestwärts und erreicht nach knapp 1900 km jenseits des Lake Superior bei Rainy River die Grenze zum US-Bundesstaat Minnesota. Die Yonge Street gilt damit als **längste Straße der Welt**.

Von besonderem Interesse für einen Bummel sind die Straßenblöcke um die Kreuzung mit der Bloor Street sowie der Abschnitt südwärts bis zur Front Street. Hier befindet sich die Yonge Street im Wandel von einer etwas heruntergekommenen Straße mit Strip-Klubs, Fast-Food-Ständen und Billigläden zu einer schicken Einkaufsmeile.

⓰ Yonge-Dundas Square ★ [N11]

Als eine Art „Times Square von Toronto" fungiert der etwas sterile Platz an der Kreuzung Yonge/Dundas St. (www.ydsquare.ca). Was seine Beliebtheit angeht, kann er trotz seiner Veranstaltungen im Sommer – wie Freiluftkino oder kulinarischen und

> **EXTRATIPP**
> ### Historisches Kaufhaus
> Die 1670 gegründete Hudson's Bay Company hatte nicht nur das Handelsmonopol, sondern auch das königliche Recht, den Norden zu kolonisieren. Daraus wurde die gewinnbringendste Einrichtung in Nordamerika, die heute in Gestalt der Einkaufskette **Hudson's Bay** (s. S. 73) fortlebt und immer noch für ihre bunt gestreiften Wolldecken bekannt ist.

⑰ Mackenzie House ★ [N11]

Das Wohnhaus des ersten, 1834 gewählten Bürgermeisters von Toronto, William Lyon Mackenzie (1795–1861), fällt als **historisches Reihenhaus** im *Georgian Style* auf. Mackenzie war eine der schillernden Persönlichkeiten der Stadtgeschichte, ein radikaler Journalist und politischer Reformer. Berühmt wurde er als Anführer der sogenannten **Upper Canada Rebellion**. Am 5. Dezember 1837 wollten Mackenzie und 700 Aufständische die Waffenkammer des Rathauses plündern, doch Sheriff und Militär verhinderten dies. Mackenzie floh in die USA und kehrte erst nach seiner Begnadigung 1849 zurück. Unvergessen wegen seines Mutes und als Wegbereiter für die Demokratie wurde er ins Parlament gewählt und blieb als Politiker und Publizist bis zu seinem Tod aktiv.

› 82 Bond St., www.toronto.ca/explore-enjoy/history-art-culture/museums/mackenzie-house, im Sommer Di.–So. 12–17 Uhr, sonst unter der Woche nur bis 16 Uhr, Jan.–April nur an den Wochenenden, C$ 8. Auch Ziel von Ghost Tours, da es in diesem Haus spuken soll.

ethnischen Festivals – und Gratis-WLAN mit dem Rathausplatz (noch) nicht ganz mithalten.

Das Areal südlich des Platzes, zwischen Yonge, Church, Dundas und Queen Street, hat durchaus seinen Reiz, speziell wegen einiger historischer Theater: das **Ed Mirvish Theatre** (s. S. 68), das **Elgin & Winter Garden Theatre Centre** (s. S. 68) – 1913 erbaut, das letzte „Doppeldecker"-Theater der Welt –, das **Ryerson Theatre** (s. S. 69) und die legendäre **Massey Hall** (s. S. 68) mit ihren 2765 Sitzplätzen. 1894 fand hier das erste Konzert statt, heute hat sich die Massey Hall dank Stars wie Wynton Marsalis, Alison Krauss, Buddy Guy oder B.B. King einen Namen in der Jazz, Blues-, Folk- und Country-Szene gemacht.

> **KURZ & KNAPP**
> **Upper Canada Rebellion**
> Bürger und Bauern lehnten sich unter der Führung von William L. Mackenzie 1837/38 gegen das Großbritannien extrem treue und erzkonservative Regime auf und stritten um mehr Mitspracherecht. Wegen Verrats scheiterte die Rebellion zwar am Ende, aber dennoch musste die Regierung Zugeständnisse machen.

Herz und Seele der Innenstadt – der Yonge-Dundas Square ⑯

⓲ Art Gallery of Ontario (AGO) ★★★ [K11]

Die Art Gallery of Ontario zählt zu den bedeutendsten Kunstmuseen Nordamerikas und wurde 1900 als „Art Museum of Toronto" gegründet.

Den Kern des Museumskomplexes bildet „The Grange", 1816/17 von D'Arcy Boulton Jr. und seiner Frau Sarah Anne, beide aus New England, im Stil eines englischen Landhauses erbaut. Das Haus entwickelte sich sehr schnell zum Zentrum des gesellschaftlichen Lebens von „Muddy York" und ab 1911 fand schließlich das Museum of Toronto hier seine neue Heimat.

Aufgrund der fast 70.000 Kunstwerke wurde der Platz bald zu knapp und so wurde die AGO 1918 und 1926 vergrößert. Im November 2008 wurde die Wiedereröffnung des Museums mit einem **Erweiterungsbau** des weltberühmten Architekten Frank Gehry mit großem Pomp gefeiert. (Es war sein erstes Gebäude in Kanada.) Der alte Bau wurde inzwischen ebenfalls renoviert und ist wieder Teil des Museums.

Auf der fast um die Hälfte vergrößerten Fläche werden nun über 4000 Kunstwerke in 110 Galerien präsentiert. **Architektonisch bemerkenswert** sind die Treppenaufgänge, gelungen die Wahl des Materials (viel Glas und Holz), v.a. an der langen Fassade zur Dundas Street hin (Galleria Italia), und die Bevorzugung natürlichen Lichts in den Ausstellungssälen. Sehenswert sind die **Sculpture Gallery** (Dundas St.), der **Südflügel am Grange Park**, der das Center for Contemporary Art beherbergt, sowie der neu gestaltete **Walker Court** mit Glasdach. Hinzu kamen außerdem das AGO Bistro, zwei Cafés und ein Museumsladen.

EXTRATIPP: „Worship Central"

Vom Mackenzie House sind es nur ein paar Schritte zur Church Street. Während die Yonge Street dem Kommerz huldigt, gehört die Church Street (und Umgebung) ganz der Religion. Die wichtigsten Gotteshäuser:

- ㉓ [N12] **Cathedral Church of St. James.** Die älteste Kirche und Sitz des anglikanischen Bischofs.
- ii1 [N11] **First Evangelical Lutheran Church,** 116 Bond St. Von deutschen Immigranten 1898 erbaut. Bis heute gibt es hier Gottesdienste in deutscher Sprache.
- ii2 [N11] **Metropolitan United Church (Met United),** 56 Queen St. E. Das erste Gebäude wurde 1872 von Methodisten erbaut, 1925 Zusammenschluss mit der Congregational Union und Presbyterian Church zur „United Church". Nach einem Brand 1928 entstand ein prächtiger Neubau, der 1930 die größte Orgel Kanadas mit etwa 8000 Pfeifen erhielt (Konzerte!).
- ii3 [L12] **St. Andrew's Presbyterian Church,** 73 Simcoe/King St. Mit kleinem Museum der 48th Highlanders of Canada (*1891) im UG (www.48highlanders.com, Museum Mi./Do. 10–15 Uhr).
- ii4 [N11] **St. George's Greek Orthodox Church,** 115 Bond St. Mit sehenswertem Mosaik, das den heiligen Georg zeigt.
- ii5 [N11] **St. Michael's Cathedral,** 65 Bond/Shuter St. Hauptkirche der größten englischsprachigen katholischen Gemeinde Kanadas, deren Grundstein 1845 vom ersten katholischen Bischof Torontos, Michael Power, gelegt wurde. 1848 eingeweiht, berühmt für die St. Michael's Choir School.

Die AGO weist **drei Schwerpunkte** auf: **kanadische Malerei**, u. a. von Cornelius Krieghoff, Tom Thomson, der Group of Seven, Emily Carr, David Milne und Paul Peele, **europäische Malerei** und schließlich **Werke von Henry Moore** (1898–1986) – mehr als zehn Großplastiken und über 1000 weitere Modelle und Skizzen. Daneben spielen die **zeitgenössische Kunst** und die **Kunst der Inuit und Indianer** eine Rolle. Im UG befindet sich außerdem eine interessante Sammlung von Schiffsmodellen.
> 317 Dundas St. W (Tram 505, McCaul St.), www.ago.net, Di./Do. 10.30–17, Mi./Fr. bis 21, Sa./So. bis 17.30 Uhr, C$ 19,50, C$ 30 bei Sonderausstellung

⑲ Sharpe Centre for Design ★ [L11]

Das **Sharpe Centre for Design** des **OCAD (Ontario College of Art & Design)** ist wegen der ungewöhnlichen Architektur zu einem der Wahrzeichen der Stadt geworden. Der von dem britischen Architekten Will Aslop geplante Baukomplex gleicht einer schwarz-weiß gemusterten Schuhschachtel. Sie scheint auf überdimensionierten, verschiedenfarbigen Säulen zu thronen, die wie Stäbe eines Mikadospiels mitten im Wurf wirken.
> 100 McCaul St., www.ocadu.ca/home, zugehörig (alle mit freiem Eintritt): Ignite Gallery (165 Augusta Ave., Mi.–So. 13–18 Uhr), Graduate Gallery (Di.–Sa. 12–17 Uhr), Onsite Galerie (199 Richmond St. W, Mi. 12–20, Do./Fr. 12–19, Sa./So. 12–17 Uhr) und Student Gallery (52 McCaul St., Mi.–Sa. 12–18 Uhr).

⑳ Queen West/Fashion District ★★ [L12]

Die Queen Street zieht sich quer durch die Stadt und bildet die pulsierende Schlagader – hip, schrill und eklektisch. Von den Beaches im Osten passiert die Queen Street unterschiedlichste Viertel, läuft durch die Innenstadt und endet im In-Viertel West Queen West ㊸.

Einer der buntesten Teile der Straße liegt aber am westlichen Innenstadtrand zwischen University und Spadina Avenue bis etwa zur Bathurst Street: **Queen West**, auch **Fashion District** genannt.

EXTRATIPP

Linie 501
Die kulturelle und ethnische Vielfalt Torontos lässt sich leicht mit der Streetcar entlang der Queen Street kennenlernen. Die Linie 501 fährt von den Beaches im Osten durch Downtown bis West Queen West und es empfiehlt sich, die Fahrt immer wieder einmal zu unterbrechen und zu Fuß auf Erkundungstour zu gehen.

EXTRATIPP

Ausgehen an der Queen Street West
Neben ausgefallenen Läden locken zahlreiche Lokale nach Queen West. Hier ein paar Tipps:
> **Black Bull Tavern.** Mischung aus Studenten- und Biker-Bar mit Freiplätzen zum Sehen und Gesehenwerden (s. S. 71).
> **Horseshoe Tavern.** Beliebte Musikbar mit Schwerpunkt Country/Bluegrass, seit 1949 eine Institution, in der immer wieder überraschend Stars auftreten (s. S. 70).
> **The Rex.** Boutiquehotel mit berühmter The Rex Hotel Jazz & Blues Bar (s. S. 108).

Hier gibt es viele kleine, ausgefallene Läden und Boutiquen, schicke Restaurants und In-Kneipen mit Livemusik. Besonders am Abend läuft die eigenartige Mischung aus Alternativszene und Schickimickitum zu Höchstform auf.

Inzwischen ist nicht nur die Queen Street angesagt, auch um die südlich gelegene Richmond Street mit **401 Richmond Street** (www.401richmond.com), einem ehemaligen Lagerhaus, in das Kunstgalerien und Ateliers eingezogen sind, spürt man die Aufbruchsstimmung. Alte Lagerhäuser werden in Lofts und Ateliers umgebaut und Läden und Lokale ziehen ein. Beliebter Treff ist derzeit auch das **Scotiabank** (ehemals Paramount) **Theatre/Cineplex** (s. S. 69) mit mehreren Kinos (auch IMAX)

㉑ Entertainment District ★ [K12]

Der **Fashion District** geht nahtlos in den Entertainment District (ED) über. Genau genommen, beginnt er im Süden am Rogers Centre ❷ bzw. dem CBC Broadcasting Centre (s. S. 60) an der Front Street und erstreckt sich bis hinauf zur Queen Street West. Im Osten reicht er bis zur University ㊴ und im Westen bis zur Spadina Avenue. Der Name bezieht sich einerseits auf Unterhaltungsetablissements wie Oper, Symphonie und Theater, andererseits auf die zahlreichen Kinos, Lokale und Bars mit Livemusik. Zentrale Achse des Nachtlebens ist die **King Street West**. Im Zentrum steht hier der Kino- und Ausstellungskomplex **TIFF Bell Lightbox** (Nr. 97, s. S. 69). Hier befindet sich auch, an der Kreuzung mit der Bathurst Street (667 King St.), die älteste erhaltene Bar der Stadt von 1849: die **Wheat Sheaf Tavern**.

Torontos Theaterszene kann sich weltweit sehen lassen und muss sich auch vor denen in London und New York nicht verstecken. Bereits Anfang des 20. Jh. gab es hier große Vaudeville-Bühnen wie Elgin/Winter Garden (s. S. 68) oder die Massey Hall (s. S. 68) und auch das Royal Alexandra Theatre (s. S. 69) oder die Roy Thomson Hall (s. S. 69) sorgten und sorgen für einen guten Ruf.

> **KLEINE PAUSE**
>
> **Dinnieren beim „Great One"**
> Ins **Wayne Gretzky's** (s. S. 64) geht man nicht in erster Linie wegen der Küche oder der Bierauswahl. Das Lokal des berühmtesten kanadischen Eishockeyspielers aller Zeiten ist für Fans eine Pilgerstätte voller Erinnerungsstücke an „The Great One".

Ungewöhnlich in jeder Hinsicht: das Sharpe Centre for Design ⓵⓽

Canada's Walk of Fame, auf dem sich, vergleichbar mit dem berühmteren Hollywood Walk of Fame, Persönlichkeiten Kanadas wie Celine Dion, die kanadische Eishockeynationalmannschaft aus dem Jahr 1972 oder Jacques Villeneuve verewigt haben, erstreckt sich auf der King St. W zwischen Princess of Wales Theatre und Simcoe St. sowie auf der Simcoe St. südwärts bis zur Roy Thomson Hall (www.canadaswalkoffame.com).

Old Town/St. Lawrence

Auch wenn es auf den ersten Blick nicht so aussieht: In Old Town Toronto konzentriert sich eine der größten Ansammlungen von Bauten aus dem 19. Jh. in der Provinz Ontario. Hier liegt der **historische Kern der Stadt,** die 1793 als „York" gegründet wurde. Old Town erstreckt sich zwischen Yonge und Parliament Street sowie Front und Queen Street.

Nachdem sich der Stadtkern mit dem Hafen um 1900 in Richtung Westen verlagert hatte, wurde das alte Hafenareal aufgeschüttet und nun lag Old Town nicht mehr direkt am See. In der Folge verfiel die Altstadt, Bürgerinitiativen konnten den Abriss aber verhindern. Mittlerweile hat das Viertel eine kulturelle und wirtschaftliche **Revitalisierung** erlebt und gilt als beliebtes Wohnviertel. Herz und Seele ist der **St. Lawrence Market** ❷❻ mit zahlreichen Galerien, kleinen Läden, Cafés und Lokalen ringsum.

› Infos im Internet: www.townofyork.com
› Die **Town of York Historical Society** gibt einen kostenlosen Newsletter mit Infos heraus und bietet Veranstaltungen und Führungen an (Infos am Eingang des St. Lawrence Market, Front St. E).

Im Zentrum von Old Town bzw. der „Town of York", wie Toronto von seiner Gründung 1793 bis 1834 hieß, liegen **St. Lawrence** und **Corktown,** außerdem sind **St. James** (um die Cathedral Church of St. James ❷❸), **Historic Queen East, Town of York** (um das First Post Office), **Distillery Historic District** ❷❽ und **West Don Lands,** das Neubaugebiet am Don River im Osten, weitere Old-Town-Viertel. Das erste Parlament von Upper Canada stand ursprünglich in Old Town an der Parliament Street, brannte jedoch 1813 während des Kriegs mit den USA ab.

Ein großes Feuer am **7. April 1849** in Old Town bedeutete einen kompletten Wandel für das Stadtbild. Zerstörte Areale an der Lower Bay und Front Street wurden damals neu in Stein aufgebaut und viele der heutigen Bauten stammen aus der Zeit des Baubooms nach der Katastrophe.

> **EXTRATIPP**
>
> **Touren mit „Mr. Toronto"**
> Nicht nur informativ, sondern auch unterhaltsam sind die Spaziergänge, die der lokale Historiker, Fotograf, Autor und ehemalige Schauspieler **Bruce Bell** anbietet (s. S. 104).
> „Mr. Toronto" kennt die Geschichte der Stadt wie kaum ein anderer. Vorträge und Führungen sind das eine, doch Bell setzt sich auch für den Erhalt alter Bauten ein und speziell dafür, dass Plaketten angebracht werden, die an verschwundene Bauten und Ereignisse erinnern. Während der zweistündigen Spaziergänge lernt man beispielsweise Old Town und den St. Lawrence Market ❷❻ intensiv kennen. Gleichfalls interessant ist seine **Distillery Tour** (inklusive dem irischen Viertel Corktown).

Old Town/St. Lawrence

Idealer Ausgangspunkt für einen Rundgang ist die Ecke King Street/Yonge Street (U-Bahn-Station „King").

❷❷ King Street und das „King Eddie" ★ [N12]

Die King Street war einst die wichtigste Verbindungsstraße der jungen Provinz Upper Canada, da sie in Richtung Osten nach Lower Canada, dem heutigen Québec, führte. Highlight an der Route ist heute das altehrwürdige **King Edward Hotel**, von Einheimischen liebevoll „King Eddie" genannt. Von den **alten legendären Herbergen** Torontos ist es das einzige, das neben dem Fairmont Royal York Hotel ❿ noch übrig geblieben ist. 1903 nach Plänen von E. J. Lennox erbaut, wurde es 1980 komplett renoviert und zur spektakulären Royal Suite kamen drei weitere Suiten hinzu. Eine davon wurde während der Dreharbeiten zum Film „Chicago" von Catherine Zeta Jones bewohnt. Stets waren illustre Persönlichkeiten im „King Eddie" zu Gast: Enrico Caruso, Liz Taylor und Richard Burton, die Beatles, die 1964 einen Auflauf hysterischer Fans auslösten, oder Queen Elizabeth. Heute erstrahlt das Hotel in altem Glanz und ist daher unbedingt einen Blick in die Lobby bzw. die Galerie mit den alten Fotos wert. Wer möchte, kann im Victoria's Restaurant frühstücken oder „Afternoon Tea" genießen.

› **King Edward Hotel,** 37 King St. E (Tram 504, T-Station King St.), www.omnihotels.com/hotels/toronto-king-edward

› *Das Flatiron Building* ❷❶ *erinnert an den ähnlichen Bau in New York*

❷❸ Cathedral Church of St. James ★★ [N12]

Trotz der Konkurrenz der benachbarten Hochhäuser fällt der schlanke Turm der ältesten Kirche der Stadt, der Cathedral Church of St. James, ins Auge. Die Gemeinde war 1797 als „Anglican Church of Canada" gegründet worden und seither gehören ihr die führenden anglikanischen Familien der Stadt an. 1807 war der erste Kirchenbau fertig, 1818 wurde er erweitert, 1832 ersetzte eine Steinkirche den Holzbau – sie fiel jedoch

dem großen Brand von 1849 zum Opfer. Die heutige neogotische Kirche wurde 1853 eingeweiht. Ihr Turm misst genau 100 m, ist der **höchste Kirchturm Kanadas** und diente einst den im Hafen einlaufenden Schiffen als Orientierungspunkt.

Seit 1830 ist die Kirche **Sitz des anglikanischen Bischofs**. Im Inneren befinden sich **sehenswerte Fenster**, die weniger biblische Episoden als die Geschichte der Kirche und der Gemeinde erzählen. Die Fenster im Altarraum stammen aus den 1880er-Jahren und wurden von der Mayer'schen Hofkunstanstalt in München produziert. 1936 wurde zum 25. Jubiläum der Inthronisation von Georg V. ein weiteres Fenster gespendet, das dessen Thronbesteigung zeigt. Das modernste Fenster, in der Südwestecke, wurde 1997 wie auch die neuen Glocken von der Queen eingeweiht und zeigt den Kirchenpatron, den Apostel Johannes.

› 65 Church/King St. E, www.stjames cathedral.on.ca, So.-Fr. 7-17.30, Sa. 9-17 Uhr, auch Konzerte

㉔ St. Lawrence Hall ★ [N12]

Gegenüber dem Haupteingang von St. James liegt der **Sculpture Garden**, in dem wechselweise lokale Künstler ihre Skulpturen aufstellen. Ein Stückchen östlich erhebt sich mit der **St. Lawrence Hall** einer der bedeutenden alten Bauten der Stadt. 1850/51 nach Plänen von William Thomas erbaut, war die Halle einst das soziale Zentrum der Stadt und markierte zugleich das Nordende des St. Lawrence Market ㉖.

Lange vernachlässigt, wurde die St. Lawrence Hall 1967 renoviert und beherbergt heute Büros der Stadtverwaltung und Veranstaltungsflächen. Im 2. Stock befindet sich ein großer Ballsaal ("Great Hall"), in dem einst legendäre Aufführungen stattfanden: Hier sang Jenny Lind, die „schwedische Nachtigall", und der Bürgerrechtler Frederick Douglass hielt Mitte des 19. Jh. flammende Reden gegen die Sklaverei.

› 155 King St. E., www.stlawrencemarket. com/st_lawrence_hall (offiziell keine Besichtigungen), Ausstellung in der Market Gallery, East Room, 3rd floor

㉕ Toronto's First Post Office ★ [O12]

Das heute noch betriebene älteste Postamt ist – quasi mit der Stadt – 1833 entstanden. Nach wechselvoller Geschichte wurde es liebevoll renoviert und 1983 als Postamt wiedereröffnet. Hier kann man Briefe auf altem Papier mit Feder und Tinte schreiben und mit einem Stempel „York-Toronto 1833" in die Heimat schicken. Die **Town of York Historical Society** betreibt ein kleines Museum zum britisch-kolonialen Postwesen und zur frühen Stadtgeschichte. Interessant ist das Stadtmodell, das den Zustand während der 1830er-Jahre, also noch vor dem großen Brand (1849), zeigt. Nahe dem ältesten Postamt steht gleich noch das älteste Bankgebäude: die Bank of Upper Canada (George/Adelaide St.), 1825–27 erbaut.

› 260 Adelaide St. E, www.townofyork. com, Mo.-Fr. 9-17.30, Sa. 10-16 und So. 12-16 Uhr, C$ 2

㉖ St. Lawrence Market ★★★ [N12]

Der St. Lawrence Market, der heute zu den „Top 25"-Märkten der Welt zählt, markiert den alten Kern der Stadt. Direkt im Süden lag einst der Hafen und er trug dazu bei, dass 1803 hier ein

Old Town/St. Lawrence

erster Markt entstand. Schon zuvor war der Ort ein beliebter Warenumschlagplatz der Indianer gewesen.

Die Geschichte des heutigen Baus, der 1903 eröffnet wurde, reicht weiter zurück: Zwischen 1834 und 1844 war Toronto von rund 9000 auf 24.000 Einwohner angewachsen. Bis dahin hatte die St. Lawrence Hall ❷❹ auch als Rathaus fungiert, doch dann entstand aus Platzgründen 1844 an der Südseite der Front Street eine neue **City Hall** mit Uhrturm, Polizeistation und Gefängnis. Die Stadt wuchs weiter: Ende 1890 lebten fast 200.000 Menschen in Toronto und erneut war ein größeres Rathaus fällig. Die heutige **Old City Hall** ❶❸ an der Ecke Bay/Queen Street wurde errichtet, das alte Rathaus an der Front Street hingegen umgebaut, die Seitenflügel und der Glockenturm wurden wie der nebenan gelegene alte Markt abgerissen.

Lediglich der Kern des Rathauses blieb stehen und wurde in den zwischen 1901 und 1903 erbauten neuen **St. Lawrence Market** integriert. So ist in einer Ziegelwand noch die alte Dachkontur zu erkennen, außerdem gibt es Reste der alten Polizeistation mit Gefängnis. Der Markt war damals zweigeteilt auf beiden Seiten der Front Street, über die sich ein großes Dach, inspiriert von der Victoria Train Station in London, spannte.

Im Jahre 1967 wurden das Dach und der Nordbau abgerissen, der durch einen hässlichen Betonbau ersetzt wurde. Dieser wurde 2016 abgerissen und durch eine temporäre zeltartige Konstruktion ersetzt, die hier so lange zu sehen ist, bis der geplante Neubau – das **Red Design** von Adamson Associates Architects und Rogers Stirk Harbour + Partners voraussichtlich 2020 fertiggestellt ist. Damals standen sogar Pläne zur kompletten Neugestaltung von Old Town zur Debatte, was allerdings engagierte Bürger verhindern konnten. 1977 war der South St. Lawrence Market renoviert worden und das ihn umgebende Viertel mauserte sich zur beliebten Wohnadresse.

Bester Besuchstag des Marktes ist der Samstag, wenn im **Temporary North St. Lawrence Market** ein **Farmers' Market** stattfindet, auf dem Produzenten aus dem Umland – Bauern, Käsereien, Metzger, Bäcker – ihre Waren anbieten und es zugleich im Südteil auf beiden Ebenen wimmelt und samstags wechselnde Kochvorführungen angeboten werden. Zu den besonderen Leckereien im **South St. Lawrence Market** gehören das warme Peameal-Sandwich – „peameal (bacon) on a bun" – ein spezieller in Maismehl (früher in getrockneten Erbsen) gewälzter gepökelter Schinken und andere Backwaren der Carousel Bakery, Käse von Alex Farm Products, die leckeren Würste verschiedener Metzgereien (z. B. St. Lawrence Upper Cut Meats, Sausage King, La Boucherie oder Witteveen Meats) sowie Imbissstände wie Buster's Sea Cove, Churrasco oder Sausage King.

Im Untergeschoss sollte man sich Rube's Rice (Reis, Wildreis und Tro-

---

EXTRATIPP

Straßenkünstler-Fest

Während des **Buskerfests** (vier Tage Anfang September) treten Straßenkünstler aus aller Welt zugunsten Epilepsiekranker im St. Lawrence Market auf (http://torontobuskerfest.com). Das Fest findet an den Beaches ❹❼ im Woodbine Park (1695 Queen Street East) statt.

> **KLEINE PAUSE**
>
> **„Meet Me at the Market"**
> Nicht nur der St. Lawrence Market ㉖ selbst lohnt einen Besuch: Old Town zwischen Markt und Flatiron Building – d. h. Wellington und Front Street sowie The Esplanade – ist ein beliebter Treff und „Meet Me at the Market" ein geflügeltes Wort. Neben Bäckern, Delis und Lebensmittelläden gibt es eine Reihe kleiner Galerien und Läden, Cafés, Bars und Lokale, die teilweise auch Livemusik bieten.

ckengetreide) und das Stonemill Bakehouse nicht entgehen lassen. An Imbissständen stehen Everyday Gourmet (mit eigener Kaffeerösterei), Yianni's Kitchen (griechisch) oder Pasta Mia (italienischer Kaffee und Pasta) zur Wahl, dazu kleine Läden mit Kunsthandwerk wie Urban Hats, Anything Goes Accessories oder Only Artview.

› **South St. Lawrence Market,** 92 Front/Jarvis St., www.stlawrencemarket.com, Di.–Do. 8–18, Fr. 8–19 und Sa. 5–17 Uhr, mit St. Lawrence Market Gallery (Ausstellungen Di.–Fr. 10–16 Uhr, Sa. 9–16 Uhr, C$ 2) sowie Food Workshops (www.stlawrencemarket.com/events) am Sa. Im **Temporary North Market:** Sa. 5–15 Uhr Farmer's Market, So. 5–17 Uhr Antiques Market

㉗ Flatiron Building ★ [N12]

Steht man vor dem Hauptzugang zum Markt an der Front Street, bietet sich einer der besten Fotospots der Stadt: der Blick auf das **Flatiron (Gooderham) Building** mit Wolkenkratzerkulisse und CN Tower ❶ im Hintergrund. Das Flatiron Building (49 Wellington St. E) gehört zu den sehenswerten alten Bauten der Stadt, mit Trompe-l'Œil-Malerei an der Rückseite – wo der Berczy Park neu gestaltet wurde – und irischer Bar im Untergeschoss. 1892 erbaut, ist es sogar zehn Jahre älter als das berühmte „Bügeleisen" in New York.

Wo heute das Flatiron Building steht, wurde am 28. Dezember 1841 die erste Gas-Straßenlaterne der Stadt angezündet. Im September 1879 gab es dann die ersten zwei permanenten **elektrischen Lampen** in McConkey's Restaurant (145 Yonge St.). 1884 wurde die Toronto Electric Light Company gegründet, die 50 Lampen entlang der King, Queen und Yonge Street installierte. 1912 gelangte schließlich der erste Strom aus Wasserkraft von den Niagara Falls nach Toronto und als Erstes wurde die City Hall beleuchtet.

㉘ Distillery Historic District ★★ [P13]

Im Distillery Historic District ist die besterhaltene viktorianische Industriearchitektur in Nordamerika vereint. Hier war einmal die größte **Schnapsbrennerei** der Welt zu Hause. Diese hatte ihre Wurzeln in einer Kornmühle von 1832, die James Wort und sein Schwager William Gooderham gegründet hatten. Bis 1990 war in den 44 Bauten auf fünf Hektar die Brennerei Gooderham & Worts Distillery tätig, danach begann man, die alten Bauten zu renovieren und in ein **Shopping- und Eventzentrum** umzugestalten. Neueste Attraktion ist die japanische **Ontario Spring Water Sake Company** (http://ontariosake.com, Brewery Tours, Sa./So., C$ 15). Wegen des einzigartigen Ambientes wird das Gelände auch gern als Hollywood-Filmkulisse benutzt.

› 55 Mills St. (Streetcar Nr. 514 entlang King St. zum Distillery District),

Old Town/St. Lawrence

EXTRATIPP

Veranstaltungen und Kulinarisches

- **6** [P13] **Archeo**, 31 Trinity St., Tel. 416 8159898. Schickes Design und ausgezeichnete italienische Speisekarte, große Weinauswahl.
- **7** [P13] **Balzac's Coffee Roasters**, im Pump House (Building 60). Kaffeerösterei und Café.
- › **Distillery Sunday Market** (Ende Mai–Ende Sept. So. 12–15 Uhr), außerdem finden hier Veranstaltungen und Konzerte – z.B. während des Toronto Jazz Festivals – statt, außerdem das „Artfest" und der große Toronto Christmas Market (Mitte Nov.–Mitte Dez., www.thedistillerydistrict.com/events.html).
- › **El Catrin** (s. S. 65), 18 Tank House Ln., Tel. 416 2032121.
- › **Mill Street Brew Pub** (s. S. 72), im ehemaligen „Paint Shop". Kleinbrauerei mit eigenem Pub.
- › **Pure Spirits Oyster House & Grill** (s. S. 65), Pure Spirits Building. Modernes Ambiente, lokale, saisonale Zutaten, bekannt für Austern.

www.thedistillerydistrict.com, Mo.–Mi. 10–19, Do./Fr. 11–20, Sa. 10–20, So. 10–18 Uhr. Das Visitor Centre befindet sich in den ehemaligen Stallungen, „The Stables" (Trinity St.), ab hier auch Walking- oder Segway-Touren (www.segwayofontario.com). Zu Veranstaltungen und Touren siehe www.thedistillerydistrict.com/events.html

Eine alte Schnapsbrennerei wurde zu neuem Leben erweckt

㉙ Cabbagetown ★ [Q10]

Nördlich an den Distillery Historic District schließt sich **Corktown** an, 1843 als Armenviertel irischer, in der Distillery arbeitetender Immigranten entstanden. Auch weiter nördlich ließen sich irische Zuwanderer nieder, „**Cabbagetown**" entstand, so benannt, da die ersten Bewohner in ihren Gärten Kohl *(cabbage)* anbauten. Später zogen noch andere Siedler hierher, es entstand ein buntes Viertel, das heute Anfang September beim „**Cabbagetown Festival**" gemeinsam feiert (http://cabbagetownto.com).

Das Zentrum von Cabbagetown – zwischen Sherbourne (im Westen), Gerrard (im Süden), Bloor/Danford (im Norden) und dem Don River Valley (im Osten) – mit Läden, Cafés und Lokalen bildet die **Parliament Street**. Viele der kleinen viktorianischen Häuser wurden in einem wegweisenden Projekt in den 1950er-Jahren renoviert und man kann hier heute noch hervorragend erhaltene Wohnhausarchitektur des späten 19. Jahrhunderts sehen.

Zu den Attraktionen im Viertel gehört die **Riverdale Farm**. In diesem Musterbauernhof wird Stadtkindern das Landleben vorgeführt und neu angelegte Feuchtgebiete im Flusstal machen das Areal zudem zu einem Biotop mitten in der Stadt.

> **Riverdale Farm,** 201 Winchester St., tgl. 9–17 Uhr, Eintritt frei, auch Veranstaltungen: www.toronto.com/events/riverdale-farm-festival

㉚ The Village/Maple Leaf Gardens ★★ [N9]

Im Westen von Cabbagetown ㉙ erstreckt sich das in den späten 1980er-Jahren als Zentrum der Gay Community entstandene „Village", mit Zentrum um die Kreuzung Church and Wellesley. Es handelt sich um eine seltsame Mischung aus Straßen mit schönen, alten Reihenhäuschen und Arealen mit monotonen Wohnblöcken, wobei Letztere nach der Eröffnung der Yonge Street Subway 1954 entstanden sind.

Der Startschuss zum „Szeneviertel" fiel mit der Eröffnung des Cafés „Second Cup" an der erwähnten Kreuzung. Die breite Treppe vor dem Café wurde zum beliebten Treff der schwulen Szene und als „**The Steps**" berühmt. Das Café gibt es inzwischen nicht mehr, seine Funktion übernahm **Woody's** (s. S. 104), das 1989 eröffnete und mittlerweile zu den beliebtesten Homosexuellen-Bars der Stadt zählt.

Seit 2003, als die Provinz Ontario gleichgeschlechtliche Ehen zuließ, erlebt das Village einen konstanten Zustrom. Die **Pride Week,** Ende Juni, hat sich zu einem der größten Straßenfeste der nordamerikanischen Gay Community entwickelt. Eine Woche lang wird gefeiert, Höhepunkt ist die Parade am letzten Sonntag im Juni (www.pridetoronto.com).

Ausgangspunkt für einen Rundgang sollte die Subway-Station „College" sein. Wenige Schritte entfernt steht der **Maple Leaf Gardens** (Carlton/Church St.). Der Bau war 1931 eröffnet worden und fungierte bis 1999 als Heimat der Eishockeycracks der Maple Leafs (s. S. 17). Die Halle ist die letzte erhaltene von ursprünglich sechs Arenen der „Original Six", der Gründungsteams der NHL – Boston, Chicago, New York, Montréal, Detroit und Toronto. **Loblaws,** Kanadas größter Supermarktkonzern, betreibt heute hier einen Laden und die benachbarte **Ryerson University** hat den Bau zum **MAC (Mattamy Athletic Centre,** www.mattamyathleticcentre.ca) mit eigener Basket/Volleyball- sowie Eishockeyhalle umgebaut.

Entlang der **Church Street** reihen sich Läden, Cafés, Bars und Restaurants aller Art auf. Hier im Herz von „Boystown", wie man das Village auch nennt, ist speziell abends immer etwas los. Ein weiterer beliebter Treff ist der **Cawthra Park** (hinter dem Church Street Community Centre) mit dem 1993 eröffneten **AIDS Memorial.**

> **Church Street Community Centre,** 519 Church St, www.the519.org. Das „519" ist LGBTQ-Treff und Veranstaltungsort und verfügt dazu über ein Restaurant.

▷ *Das ROM ㉜ ist der markante Punkt an der Bloor Street*

Midtown

Die Bloor Street trennt als Ost-West-Achse Downtown von Midtown. Hauptattraktion sind die beiden an bzw. um die Straße liegenden Viertel Bloor-Yorkville und The Annex. Während Ersteres mit feinen Läden, teuren Lokalen und Museen als elegant gilt, ist The Annex eine bunte Mischung aus Nobel- und Studentenviertel. Südlich schließt sich nämlich der weitläufige Campus der University of Toronto an, nördlich von Bloor-Yorkville liegt die Casa Loma.

③① Bloor-Yorkville ★★ [M8]

Die begrünte und mit Kunstwerken versehene **Bloor Street** – auch „Bloor Street Cultural Corridor" genannt – bildet die Hauptachse von Midtown und gilt im Abschnitt zwischen Yonge Street und Avenue Road als Topadresse der Stadt – vergleichbar mit der Magnificent Mile in Chicago oder der 5th Avenue in New York. Dort findet man internationale Mode- und Designershops wie Gucci, Chanel oder Tiffany's, Schmuckläden, eine Filiale von Hudson's Bay (s. S. 73) oder dem In-Kaufhaus Roots (s. S. 74). Hinzu kommen Einkaufszentren wie das Holt Renfrew Centre (s. S. 73) oder das Manulife Centre (s. S. 73). Westlich der Queen's Park/Avenue Road werden die Läden billiger, besonders westlich der Spadina Road, wo The Annex ③⑤ beginnt.

Nördlich der Bloor Street breitet sich **Yorkville** aus, zu Beginn des 19. Jh. ein kleines Dorf, das 1853 eingemeindet wurde und sich erst in den 1960er-Jahren zum alternativen Zentrum mit Ateliers, Galerien und

Cafés – zum „Hippie Haven" – entwickelte. Damals traf sich hier die politische Avantgarde ebenso wie Rockmusiker. In den hiesigen Kneipen traten Gordon Lightfoot, Rick James, Ronnie Hawkins, The Band, Joni Mitchell oder Neil Young auf.

Wie so oft, wird die alternative Szene in jüngster Zeit mehr und mehr von exklusiven Läden, edlen Cafés und teuren Apartmentbauten abgelöst. Heute sind die wenigen erhaltenen viktorianischen Villen der Gründerzeit renoviert und beherbergen Boutiquen, Antiquitätenshops, Galerien, Restaurants oder Cafés, geballt in der Yorkville Avenue und der Cumberland Street. Zu den alten Bauten gehört die **Yorkville Library** (22 Yorkville Ave.) und daneben das alte **Feuerwehrgebäude.**

› Haltestelle: T-Station Bloor-Yonge, http://bloor-yorkville.com

㉜ Royal Ontario Museum (ROM) ★★★ [L8]

Das ROM ist das größte Museum Kanadas mit umfangreichen Abteilungen zu Naturwissenschaft, Archäologie, Kunst- und Kulturgeschichte. Es wurde 1914 eröffnet und ist seither mehrfach umgebaut worden.

Erst der 2007 eröffnete spektakuläre Neubau, der **Michael Lee-Chin Crystal** von Daniel Libeskind, verhalf dem altehrwürdigen Museumsbau zu neuer Attraktivität. Er bildet nicht nur einen ungewöhnlichen, markanten Blickfang an der Bloor Street, sondern stellt zugleich den neuen, luftigen Eingangsbereich dar und beherbergt zwei Galerien zu Dinosauriern und Säugetieren. Ein Muss ist die **Gallery of Canada: First Peoples.** Die verschiedenen Abteilungen geben eine hochinteressante Einführung in die Geschichte und Traditionen der **Indianer** und **Eskimos** in ganz Kanada. Aufgrund der ansprechenden Präsentation zählt diese Abteilung zu den sehenswertesten Sammlungen indianischer Kunst und Kultur in Nordamerika.

Sehenswert sind auch die afrikanische und die griechisch-antike Kollektion sowie einige komplett neu gestaltete Abteilungen wie die asiatische, die mit 1:1-Nachbauten im Erdgeschoss, wie Teilen des kaiserlichen Palasts in Peking, besticht.

Die naturwissenschaftliche Sammlung im ersten Obergeschoss unterhält mit ihren Dioramen besonders Kinder. **ROM Biodiversity** beschäftigt sich mit Umweltschutz, also Ökosystemen, Natur- und Tierschutz, die **Bat Cave** zeigt das Leben der Fledermäuse und in **ROM Fossils & Evolution** geht es um allerhand Urgetier. Im 2. Stock gibt es dann in **ROM Ancient Cultures** einen Querschnitt durch die Kunst- und Kulturgeschichte des Mittelmeerraums mit Sammlungen ägyptischer, zyprischer und vor allem **griechisch-antiker Kunst.** Besonders die antike Vasensammlung ist herausragend und sehr instruktiv dargeboten.

› Zugang: Bloor St. W/Avenue Rd. (T-Station Museum), www.rom.on.ca, tgl. 10–17.30 Uhr, C$ 20, auch im CityPass (s. S. 60) enthalten. Sonderausstellungen kosten extra.

㉝ Gardiner Museum ★★ [L8]

An der östlichen Flanke des ROM ㉜, über der Queen's Park Street liegt das erste Museum Nordamerikas, das sich komplett der Keramik widmet. Auf drei Etagen werden **Keramik und Porzellan** aus vier Jahrtausenden präsentiert, ein Schwerpunkt liegt dabei auf prähistorischen

Stücken aus Südamerika. Daneben gibt es ausgefallene moderne Stücke, eine umfangreiche asiatische Sammlung sowie zahlreiche Beispiele aus Europa. Neben der großen Meißen-Sammlung und der Delfter Ware sind die Figuren der Comedia dell'Arte sehenswert. Im obersten Geschoss finden nicht nur Sonderausstellungen statt, hier befindet sich zudem das **Gardiner Bistro**.

› 111 Queen's Park (T-Station Museum), Mo.–Do. 10–18 Uhr, Fr. 10–21 Uhr, Sa./So. 10–17 Uhr, C$ 15 (Fr. 16–21 Uhr halber Eintritt), www.gardiner museum.on.ca

㉞ Bata Shoe Museum ★★ [K8]

Vorbei am **Royal Conservatory of Music mit dem TELUS Centre for Performance and Learning** und dem **Sportstadion der University of Toronto** erreicht man an der Bloor Street den auffälligen, von Raymond Moriyama gestalteten Bau mit seinen glatten, bunten Wänden, aus dessen Hauptfront eine kleine Glaspyramide herausragt. Hier ist das Bata Shoe Museum zu Hause.

Die interessante Schuhsammlung umfasst beileibe nicht nur Schuhe der gleichnamigen, aus Tschechien stammenden Firma, sondern präsentiert höchst attraktiv etwa 12.000 Stücke Fußbekleidung aus aller Welt und allen Epochen, darunter Schuhe von solchen Berühmtheiten wie Elton John, Elvis, Marilyn Monroe, Winston Churchill oder John Lennon, dazu kommen Sonderausstellungen.

› 327 Bloor St. (T-Station St. George), www.batashoemuseum.ca, Mo.–Mi./Fr./Sa. 10–17, Do. 10–20, So. 12–17 Uhr, $ 14 (Do. 17–20 Uhr „Pay What You Can")

EXTRATIPP

Bummeln im Annex
› **BMV Books** (s. S. 74) ist ein großer alternativer Buchladen mit massenhaft Sonderpreisen, v. a. im Keller.
⌂ 8 [J9] **Good for Her**, 175 Harbord St., www.goodforher.com. Ungewöhnlicher Sexshop für Frauen, auch Infos zur Lesbenszene und Veranstaltungen.
⌂ 9 [J8] **Ten Thousand Villages**, 474 Bloor St. W. Eine Filiale der von Mennoniten betriebenen Läden, vergleichbar mit den hiesigen „Weltläden".
☕ 10 [J8] **Victory Cafe**, 440 Bloor St., Café mit kleinen Gerichten und gemütlicher Atmosphäre, auch Freiplätze.

㉟ The Annex ★★ [J8]

The Annex wurde 1886 von der Stadt als Vorort geplant. 259 Grundstücke wurden ausgewiesen und auf ihnen entstanden anfangs Häuser im viktorianischen Stil, dann, in einem zweiten Bauboom, herrschten *Georgian* und *Tudor Style* vor. In den 1930er-Jahren zogen viele Leute in Vororte wie Rosedale und Forest Hill und der Annex fiel in einen Dornröschenschlaf. Mittlerweile gilt es wieder als eines der buntesten der Stadt und als beliebtes Ausgehviertel mit internationaler Küche – einerseits **vornehm und wohlhabend** wie Yorkville ㉛, andererseits jung und lebhaft, da geprägt von den **Studenten** der nahen University of Toronto ㊴.

Das Zentrum bildet hier wieder die Bloor Street, zwischen Bathurst Street und Spadina Avenue, doch das Viertel erstreckt sich nordwärts bis zur Davenport Road. Im Süden hat sich mit **Harbord** ein bis heute politisch linkes Viertel um die gleichnamige Straße herausgebildet.

㊱ Native Canadian Centre ★ [J8]

Das **Native Canadian Centre** ist der Treffpunkt der in Toronto lebenden Indianer – über 60.000 Mitglieder verschiedener Völker, zumeist Anishnawbek/Ojibway, Haudenosaunee/Iroquois und Mushkegowuk/Swamp Cree sollen es sein. Es handelt sich um eines der ältesten und größten Begegnungszentren dieser Art. Besucher, aber auch Torontonians finden sich jedes Jahr hier ein, um die indianische Sprache, Geschichte und Kultur kennenzulernen.

028tr Abb.: mb

Lohnend ist der zugehörige kleine Laden **Cedar Basket** mit Kunst und Kunsthandwerk lokaler indianischer Künstler, die ihre Sachen auf Kommissionsbasis zur Verfügung stellen. Außerdem gibt es Souvenirs (wie T-Shirts, Karten), CDs, Zeitungen und Bücher. Im Center finden außerdem Sprachkurse und Workshops sowie Trommel- und Gesangsveranstaltungen statt.

› 16 Spadina Ave. (T-Station Spadina), www.ncct.on.ca, Gift Shop: Mo.–Mi. 9–18.45, Do bis 19.45, Fr 9–17.45, Sa 10–15.45 Uhr, Veranstaltungen und Kurse siehe http://ncct.on.ca/events

㊲ Casa Loma ★★★ [J6]

Die Casa Loma, das „Haus auf dem Hügel", war der vornehme Wohnsitz von Sir Henry Pellatt. Der kanadische Millionär war mit Wasserkraftwerken an den Niagara Falls und als Chef der Toronto Electric Light Company reich geworden.

Sein C$ 3,5 Millionen teures Schloss – heute käme das etwa 60 Mio. gleich – befindet sich im Nordwesten der Innenstadt, jenseits von Annex ㉟ und Yorkville ㉛. Diese ursprünglich fernab der Stadt gelegene, bewaldete Hügellandschaft war der Wohnsitz der „High Society". Verlässt man die U-Bahn-Station „Dupont" und steigt die 110 Stufen der **Baldwin Steps** hinauf zur Casa Loma und zum Spadina Museum ㊳, wird man zudem mit einem grandiosen Blick über die Stadt belohnt.

Der Architekt Edward Lennox, der u.a. für die Old City Hall ⑬ verant-

Die Casa Loma war einst Wohnhaus eines kanadischen Millionärs

wortlich zeichnete, musste anhand von Zeichnungen von Pellatts europäischen Lieblingsschlössern dessen Traumschloss bauen. 1911 bis 1914 entstand die Mischung aus romantischem Schloss und mittelalterlicher Burg hoch über der Stadt.

Es war nicht der kostspielige Bau, sondern die Weltwirtschaftskrise, die Pellatt in den Bankrott trieb und dazu führte, dass er das Haus nach zehn Jahren verkaufen musste. Es verfügt über **rund 100 Zimmer**, darunter die gigantische **Great Hall**, ein Arbeitszimmer mit zwei Geheimgängen, von denen einer zum Weinkeller, der andere ins Schlafzimmer führt, eine indirekt beleuchtete Bibliothek, das sogenannte „Runde Zimmer" oder das Bad des Hausbesitzers aus Carrara-Marmor. Der Wintergarten, der auf italienische Vorbilder zurückgeht, ist mit einer Buntglaskuppel aus Italien und rund 600 Glühbirnen ausgestattet. Der darunter liegende Swimming Pool blieb unvollendet. Sir Henry ließ **elektrische Neuerungen** aller Art, eine moderne Heizung und den ersten elektrischen Fahrstuhl in einem Privathaus installieren.

Ein 240 m langer Tunnel verbindet das Schloss mit den nördlich gelegenen Pferdeställen, ausgestattet mit Mahagoni und spanischen Kacheln. Ringsum erstreckt sich der **Garten** mit der sagenumwobenen **Dragon Bell**: Wer reinen Herzens ist und die Glocke läutet, soll Drachen zum Leben erwecken können – bislang hat es scheinbar noch niemand geschafft.

› 1 Austin Place (T-Station Dupont, dann 0,5 km Fußweg), www.casaloma.org, tgl. 9.30–17 Uhr, letzter Einlass 16.30 Uhr, C$ 30 plus Parkgebühr C$ 10, auch im CityPass (s. S. 60) enthalten

38 Spadina Museum ★★ [K6]

Im Vergleich zur Casa Loma 37 wirkt die Spadina Mansion bescheiden – dabei hat auch sie immerhin 50 Zimmer! 1866 war das Haus für den Bankier James Austin erbaut und von seinem Sohn Albert 1898 und 1913 erweitert worden. Das erklärt die eigenartige Mischung aus **viktorianischem** und **edwardianischem Stil**. Im Jahre 1984 verkaufte die Familie das Haus an die Ontario Heritage Foundation, die es zum Museum umgestaltete und seither Besuchern Einblick in das Leben der High Society gewährt. Im Untergeschoss gibt es eine **Ausstellung zur Archäologie**, dazu eine große **historische Gartenanlage**.

› 285 Spadina Rd. (T-Station Dupont, dann ca. 400 m zu Fuß), www.toronto.ca/explore-enjoy/history-art-culture/museums, Di.–So. 12–16/17 Uhr (im Winter nur Sa./So.), C$ 10, auch Touren

39 University of Toronto/Queen's Park ★ [L9]

Südlich von Bloor Street und ROM 32 erstrecken sich der St. George Campus und der repräsentative Queen's Park. Im Westen des Parks befinden sich etwa 40 Gebäude der 1834 gegründeten **University of Toronto (UofT)**, heute mit knapp 90.000 Studenten in sieben Colleges, verteilt auf drei Areale, die größte Uni Kanadas und die drittgrößte öffentliche Hochschule Nordamerikas. Margaret Atwood, Donald Sutherland oder Michael Ondaatje haben hier studiert.

1827 hatte John Strachan, Bischof der anglikanischen Kirche und Lehrer, vom Königshaus die Erlaubnis erhalten, das **King's College**, die erste Hochschule in Upper Canada (On-

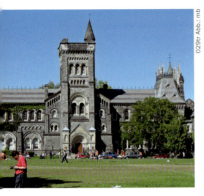

- **UofT Nona Macdonald Visitors Centre,** 25 King's College Circle, www.utoronto.ca, Infos und Campus-Plan sowie Touren
- **Justina M. Barnicke Art Gallery,** 7 Hart House Circle, www.jmbgallery.ca/exhibitions.html, Di.-Sa. 12-17, Mi. 12-20 Uhr, Eintritt frei
- **UofT Art Centre,** 15 King's College Circle, www.utac.utoronto.ca, Di.-Sa. 12-17, Mi. bis 20 Uhr, Eintritt frei
- Im Zentrum des Queen's Park, an der Wellesley St. W, fällt der Bau der Provinzregierung, das **Ontario Legislative Building,** erbaut zwischen 1886 und 1892, ins Auge (www.ontla.on.ca, Mo.-Fr. 8-18 Uhr, regelmäßig Touren sowie Zugang zur Besuchertribüne bei Parlamentssitzungen - nach Sicherheitskontrolle!).

tario) und Vorläuferin der University of Toronto zu gründen. Noch heute pflegt man das historische Erbe und die alten Bauten, setzt allerdings mit neuer Architektur moderne Akzente. Die **Lillian H. Smith Public Library** (239 College/Huron St.) oder die **Leslie Dan Pharmacy** (College/University St.) von Norman Foster gehören zu letzterer Kategorie. Die ältesten Bauten sind das **University College** (15 King's College Circle) von 1859 sowie, östlich daneben, das **Hart House** von 1911-19. Benannt nach dem Stifter Hart Massey befinden sich hier nicht nur ein Studentencenter und ein Theater, sondern auch ein kleines, sehenswertes Kunstmuseum: die **Justina M. Barnicke Art Gallery.** Handelt es sich hier um moderne kanadische Kunst, gibt es im **UofT Art Centre** eine kleine, aber feine Privatsammlung mittelalterlicher Kunst zu sehen.

Mit fast 90.000 Studenten gilt die „U of T" als größte Hochschule Kanadas

Toronto Neighbourhoods

Zu den Attraktionen Torontos gehören die Neighbourhoods. Rund 80 verschiedene Ethnien prägen ihre Wohnareale und lassen Besucher in höchst unterschiedliche Welten eintauchen. Daneben gibt es aber auch Viertel, die durch eine bestimmte Bevölkerungsgruppe, Lebensphilosophie bzw. Alters-, Berufs- oder Einkommensstruktur geprägt sind – von Queen West oder The Village war oben schon die Rede.

Die meisten Viertel breiten sich rund ums Zentrum aus: nach **Osten** – u. a. Greektown ㊺, Little India ㊻ oder The Beaches ㊼ –, nach **Westen** (als das „wild and wide West End") – u. a. mit Chinatown ㊶, Kensington Market ㊵, Little Italy ㊷ oder West Queen West ㊸ – und nach **Norden** (Wohnareale der Besserverdienenden wie Rosedale oder Summerhill).

Shopping in Kensington Market ㊵

> Das Südende der Kensington Ave. [J11] ist bekannt für ausgefallene Secondhand-Modeläden wie **Urban Cat-Walk** (10 Kensington Ave.), **Exile** (20 Kensington Ave.) oder das legendäre **Courage My Love** (14 Kensington Ave.). Auch **Tom's Place** (190 Baldwin St.) bietet seit mehr als 30 Jahren Designermode zum Schnäppchenpreis.
> **Cheese Magic** (182 Baldwin St.): lokale und überregionale Käsespezialitäten
> Zur Pause ideal sind **Casa Coffee** (235 Augusta Ave./Baldwin St.), ein General Store mit Café, die **Red Room** (444 Spadina Ave.) mit vielen Biersorten und Sandwiches, oder auch **Sanagan's Meat Locker & Lunch Counter** (176 Baldwin St.) mit prima Sandwiches.
> In der **Augusta Ave.** [J10/11] gibt es ebenfalls ungewöhnliche Läden und Lokale wie das Hibiscus (s. S. 66), Bunner's (Nr. 244, vegane Bäckerei), Otto's Berlin Döner (Nr. 256) oder Big Fat Burrito (Nr. 285).

Ethnische Festivals

Am besten lernt man den Charakter der einzelnen Viertel während eines Festivals kennen:

> **Taste of Little Italy,** Mitte Juni, Little Italy (College St. W, zwischen Shaw und Bathurst St.), dreitägiges italienisches Straßenfest mit viel Kulinarischem, Musik u. a. Vergnügungen (https://tolittleitaly.com/taste-little-italy).
> **Beaches International Jazz Festival.** Mehr als drei Wochen lang gibt es im Juli kostenlose Jazzkonzerte an den Beaches ㊼ (Queen St. E, östlich der Woodbine Avenue) mit über 100 Bands (http://beachesjazz.com)
> **Festival of South Asia,** Mitte/Ende Juli, südasiatisches Fest an einem Wochenende, Gerrard India Bazaar (Greenwood-Coxwell, www.facebook.com/festivalofsouthasia)
> **Caribana Toronto,** Ende Juli, größtes Karibik-Festival in Nordamerika, (www.caribanatoronto.com)
> **Taste of the Danforth,** Mitte August im Viertel The Danforth ㊺, griechisches Fest an einem Wochenende entlang der Danforth Ave. (www.tasteofthedanforth.com)
> **Bloor West Village Ukrainian Festival,** Mitte Sept., 3 Tage, größtes ukrainisches Straßenfest zwischen Runnymede Rd. und Jane St., mit Parade, Ständen und Unterhaltung (www.ukrainianfestival.com)
> **Toronto Oktoberfest,** an einem Wochenende im September lebt das bayerische Erbe im Ontario Place auf (www.torontooktoberfest.ca).

Es gibt keine scharfen Grenzen zwischen den einzelnen Vierteln, zumeist aber eine Hauptachse, an der man den jeweiligen Charakter am besten spürt. In Bezug auf seine diversen Stadtteile ist Toronto gut vergleichbar mit Chicago oder New York und hier wie dort ist ein Trend zur **Revitalisierung** zu beobachten. Die besprochenen Viertel bilden nur eine Auswahl.

Toronto Neighbourhoods

⓿ Kensington Market ★★★ [J10]

Der Name ist irreführend: Es handelt sich um keinen Markt, sondern um ein ganzes Viertel, durch das dank der ausgeflippten Shops und hippen Bewohner ein Hauch von San Franciscos Haight-Ashbury, von Hippies und Flower-Power, weht.

Das pulsierende Zentrum des Viertels breitet sich um Kensington Ave., Baldwin und Nassau Street sowie Augusta Avenue und Dundas Street West aus. Als „Jewish Market" bekannt, befand sich hier einst das Wohnviertel der **jüdischen Einwanderer**, die in den Nähfabriken an der Spadina Avenue arbeiteten. Mit der Zeit wurde dieses Viertel dann jedoch für viele Immigranten verschiedenster Herkunft zum ersten Stopp in Kanada. Nach den Juden kamen Portugiesen, dann vermehrt Asiaten und schließlich machte sich die alternative Szene breit.

Kensington gilt als das **bunteste Viertel der Stadt** mit vielen kleinen Läden, in denen es Secondhandware und Kurioses ebenso gibt wie Spezialitäten aus aller Welt, Bars und Cafés, aus denen „Weltmusik" dringt. In letzter Zeit ist auch hier eine zunehmende Gentrifizierung mit schicken Läden und Lokalen festzustellen.

In Kensington befand sich mit der **No. 8 Hose Station** (College St./Bellevue Ave.) einmal die älteste Feuerwache Torontos (von 1878). In den 1970er-Jahren abgebrannt, wurde sie wieder restauriert und nun dient der Uhrturm als beliebter Treffpunkt.
❯ Tram 505, Spadina Ave

⓫ Chinatown ★ [K11]

Torontos erstes Chinatown entstand im 19. Jh., als Chinesen, die als Eisenbahnarbeiter angeheuert worden waren, sich hier niederließen. Heute ist Chinatown ein pulsierendes Viertel mit Zentrum um die **Kreuzung Dundas Street/Spadina Avenue**. Es ist nur eines von insgesamt fünf Vierteln dieses Namens in der Greater Toronto Area, allerdings auch das größte. Es entwickelte sich um die Spadina Ave., nachdem das alte und erste

---

KLEINE PAUSE

Leckeres in Chinatown

🏠**11** [J11] **Dragon City Shopping Mall**, Dundas St./280 Spadina Ave. Asiatisches Einkaufszentrum mit **Canteen**, einem preiswerten Restaurant im Obergeschoss.

🍴**12** [J11] **King's Noodle Restaurant**, 296 Spadina Ave./ Dundas St. Nicht nur Nudeln, sondern alle möglichen chinesischen Spezialitäten.

🍴**13** [M11] **Lai Wah Heen**, im DoubleTree Hotel, 108 Chestnut St. Berühmte Dim Sum und kantonesische Gerichte. Tolle Peking-Ente!

🍴**14** [J11] **Swatow**, 309 Spadina Ave. Preiswert, gute Suppen, Gemüse und Dim Sum.

Chinatown dem neuen Rathaus weichen musste. Besonders entlang der Dundas St. (Tramlinie 505) findet man, was man von einer Chinatown erwartet: Lebensmittelläden mit exotischen Produkten und Gerüchen, Restaurants mit chinesischen Schriftzeichen und ameisenhaftes Gewimmel.

In Markham, im Norden, befindet sich mit der **Pacific Mall** (s. S. 73) das größte chinesische Einkaufszentrum Nordamerikas mit ca. 400 Läden. Insgesamt leben über 500.000 Chinesen im Großraum, dazu kommen Koreaner, Japaner und Taiwanesen.

> Tram 505, Spadina Ave, mehr Infos: http://toronto-chinatown.info

㊷ Little Italy ★ [I10]

Zusammen mit den Chinesen zählen die Italiener mit circa einer halben Million Einwohner zu den größten ethnischen Gruppen Torontos. Das bekanntere Siedlungszentrum wird als **Little Italy** bezeichnet und erstreckt sich entlang der College Street W, westlich der Kreuzung mit der Bathurst Street. Das zweite Viertel nennt sich **Corso Italia** und liegt etwas abseits, weiter nördlich an der St. Clair Avenue W, um die Kreuzung mit der Dufferin Street, und ist bekannt für Designerboutiquen.

Die Viertel gehen auf verschiedene Einwanderungswellen zurück: In Little Italy ließen sich besonders Zuwanderer aus Süditalien (Kalabrien) nieder, die beim Eisenbahnbau arbeiteten. Der Corso Italia wurde hingegen von Zuwanderern aus Norditalien gegründet. Little Italy ist nicht mehr unbedingt typisch „italienisch", aber wegen der vielen **Lokale** und **Bars** besonders abends und während des Straßenfests im Juni eine angesagte Adresse.

> Tram 506 Bathurst St., https://tolittleitaly.com

KLEINE PAUSE — Kulinarisches Little Italy

15 [H10] **Café Diplomatico**, 594 College St. Treffpunkt, um zu sehen und gesehen zu werden oder um einfach nur einen Espresso zu trinken.

16 [H10] **California Sandwiches**, 244 Claremont St. Die besten Sandwiches der Stadt und entsprechend lange Warteschlangen.

17 [H10] **Riviera Bakery**, 576 College St. Bäckerei mit kalabresischen Spezialitäten, zugleich aber auch Café, Eisdiele und Konditorei.

18 [H10] **Sneaky Dee's**, 431 College St., http://sneaky-dees.com. Restaurant (Tex-Mex) und Konzertbühne in einem.

㊸ West Queen West (WQW) ★ [G11]

Zwischen Little Italy und West Queen West liegt **Little Portugal** mit Kern um die Dundas St. W, westlich der Bathurst St. Obwohl die Zuwanderung erst in den 1960/70er-Jahren richtig einsetzte, stellen Portugiesen und Brasilianer die drittgrößte ethnische Gruppe der Stadt. Interessanter noch als dieses Wohnviertel ist das Westende der Queen Street West zwischen Shaw/Crawford St. und Gladstone Ave., **West Queen West**.

Galerien und Boutiquen, aber auch viele Secondhandshops und Cafés schießen hier wie Pilze aus dem Boden – ein alternativer Touch ist unübersehbar. Nett sitzt man z. B. im **Café Neon** (1024 Queen St. W) und wer möchte, kann in der **Organic Bou-**

◁ *Kensington Market* ㊵ *gilt als hipp, ausgeflippt und bunt* tique (970 Queen St. W) einkaufen oder Kaffeetrinken. Heruntergekommene Häuser wurden und werden renoviert, man nennt sich auch „Art & Design District".

Am attraktivsten und mit den meisten Lokalen und Läden ausgestattet, ist in WQW der Streifen zwischen Bathurst und Shaw Street mit dem Trinity Bellwoods Park sowie westlich die Gegend um diese Hotels: Das **Drake Hotel** (s. S. 107) hatte nach seiner Umgestaltung in ein Boutiquehotel maßgeblichen Anteil an der Entwicklung des Stadtteils. Auch das 1889 eröffnete **Gladstone Hotel** (s. S. 108), das an jene Tage erinnert, als diese Region schon einmal angesagt war, wurde renoviert. Als 1900 die Eisenbahn gebaut wurde, gab es hier gleich drei Eisenbahnhotels, das Gladstone ist als einziges übrig geblieben. Hier finden Ausstellungen und Konzerte (donnerstagabends gratis) statt.

❯ Tram 501 entlang der Queen Street

EXTRATIPP: Bummeln in Greektown

- **19** [T8] **Astoria Shish Kebob House**, 390 Danforth Ave., tgl. 11 bis mind. 23 Uhr. Griechische Kost, vieles davon vom Grill.
- **20** [T8] **Greek City**, 452 Danforth Ave., https://greekcity.com. Griechische Bücher und Musik, Spielzeug und „Souvenirs" aller Art.
- **21** [T8] **Mezes** $^{\$\$-\$\$\$}$, 456 Danforth Ave., Tel. 416 7785150. Einer der besten „Griechen" der Stadt, der nicht nur die namensgebenden kleinen Vorspeisen serviert.
- **22** [U8] **Pan** $^{\$\$-\$\$\$}$, 516 Danforth/ Ferrier Ave., Tel. 416 4668158. Mittelmeerküche und amerikanische Gerichte (Steaks, Fisch) und (preiswertere) griechische Spezialitäten, gemütliches Ambiente.
- **23** [U8] **The Friendly Greek** $^{\$\$}$, 494 Danforth Ave., Tel. 416 4698422. Der Name ist Programm, dazu gibt es griechische Spezialitäten.

㊹ Ontario Science Centre ★ [W2]

Das Ontario Science Centre befindet sich im Don River Valley, das die Stadt im Osten wie ein breites, grünes Band trennt. Lange Zeit war der Don River vernachlässigt worden, doch inzwischen hat man das **Don River Valley** als Naturgebiet wiederentdeckt und verschiedene Bereiche renaturiert.

Etwas nördlich vom Zentrum liegt der **Ernest Thompson Seton Park**. Seton, dessen Buch „Wild Animals I Have Known" als Inspiration für Kiplings „Das Dschungelbuch" diente, lebte ab 1870 hier als exzentrischer Naturfreund (Er verfasste unter anderem auch ein lesenswertes Buch über Indianer). Hauptattraktion im Seton Park ist das **Ontario Science Centre**, ein 1969 eröffnetes, inzwischen modernisiertes **Wissenschaftsmuseum** mit Planetarium und OMNIMAX-Kino.

❯ 770 Don Mills Rd./Eglinton Ave. (T-Station Eglinton, dann Bus Nr. 34), www.ontariosciencecentre.ca, Mo.–Fr. 10–16, Sa. 10–19, So. 10–17 Uhr, in der NS kürzer, C$ 22 (mit IMAX C$ 28), auch im CityPass enthalten (s. S. 60)

㊺ The Danforth/ Greektown ★★★ [U8]

Entlang der Danforth Avenue, jenseits vom Don River – speziell zwischen Chester und Pape bzw. sogar Jones Avenue –, fühlt man sich in eine griechische Großstadt versetzt. Es ist laut und geschäftig, es wird gehupt und gedrängelt.

In Danforth schlägt das Herz der griechischen Gemeinde Torontos, der zweitgrößten außerhalb von Hellas. Entstanden ist das Viertel in den 1950er-Jahren, nach den politischen Unruhen und der Militärdiktatur im Heimatland. Einst lebten hier an die 40.000 Griechen, heute sind viele Familien in die Vororte gezogen.

Genau genommen ist „The Danforth" die Fortsetzung der Bloor Street, die am Ostufer des Don Valley den Namen ändert. Das Viertel ist zugleich ein beliebter Ausgehpunkt, denn – wie in Griechenland – wird es erst spätabends lebendig und man bekommt lange etwas zu essen. Besonders attraktiv sind entlang der Danforth die Blöcke zwischen Nr. 300 und 600. Auch die alternative Szene liebt das Viertel wegen **Big Carrot** (348 Danforth/Hampton Ave., https://thebigcarrot.ca/home), dem ersten (seit 1984) und immer noch größten Bioladen der Stadt.

Im Don River Valley befinden sich nahe Greektown die **Evergreen Brick Works** (www.evergreen.ca/evergreen-brick-works, Evergreen Shuttle ab T-Station „Broadview"). In die ehemalige Ziegelfabrik sind Läden und Lokale sowie ein Markt (Wochenende) und ein Zentrum für nachhaltige Ideen und Naturschutz eingezogen.

› Haltestellen: T-Station Broadview, Chester und Pape, http://greektown toronto.com

46 Little India ★ [W11]

Little India erstreckt sich entlang der Gerrard Street zwischen Coxwell und Greenwood Avenue. Hier initiierten in den 1960/1970er-Jahren vor allem indische Taxifahrer den verstärkten Zustrom. Die Straße wird als größter *South Asian Market* in Nordamerika bezeichnet, als **Gerrard India Bazaar** (1426 Gerrard St. E). Shops und Lokale, v. a. konzentriert in den Blöcken zwischen Nr. 1410 und 1450, bieten alles Mögliche aus Indien an. Kulinarische Highlights sind hier Mughlai-Gerichte, Tandoori und Currys, z. B. im **Siddhartha Restaurant** (1450 Gerrard St. E). Besonders faszinierend sind die vielen Sari-Shops, doch ansonsten ist touristisch wenig geboten.

› Tram 506, Stationen Greenwood und Coxwell, die meisten Geschäfte öffnen erst um 11 oder 12 Uhr, Infos: www.gerrardindiabazaar.com

KLEINE PAUSE — Kulinarisches in Leslieville und The Beaches

- **24** [S11] **Bonjour Brioche**, 812 Queen E/De Grassi St. Legendäre Bäckerei (Café), auf deren Brioches, Croissants und Baguettes man gern wartet.
- **25** [Ü11] **Garden Gate**, 2379 Queen St. E. Empfehlenswerte Mischung kanadischer und chinesischer Küche (z. B. „Grilled Cheese Sandwich").
- **26** [V11] **Jule's Bistro**, 1290 Queen St. E/Alton Ave. Französische Küche mit Quiches, Crêpes, Salaten und Sandwiches, günstiges Menü.
- **27** [T11] **Reliable Fish & Chips**, 954 Queen E/Logan St. Top für „Fish and Chips" und beliebter Treff in Leslieville.
- **28** [Ä11] **Sunset Grill**, 2006 Queen St. E. Diner, der an alte Zeiten erinnert.
- **29** [Z11] **The Stone Lion**, 1958 Queen St. E. Seit Jahrzehnten *der* Treff an den Beaches, an Sommerwochenenden auch Livekonzerte.

47 Eastside und The Beaches ★★★ [Ä12]

Am östlichen Ende der Queen Street East erstrecken sich südlich bis zum Ufer des Lake Ontario The Beaches. Dieses Viertel war im späten 19. Jh. als Sommerfrische der Reichen entstanden und hat sich zur beliebten Wohnadresse und zum Wochenendausflugsziel entwickelt, das sich den Charakter eines „Badeorts" fernab der Großstadt erhalten hat.

Auf dem halbstündigen Weg von der Innenstadt zu den Beaches mit dem Queen-Streetcar Nr. 501 in Richtung Osten passiert man nach dem Dan Valley zunächst **Riverdale**, ein beliebtes Wohnareal der Mittelklasse mit dem Riverside District um die Queen Street, und dann **Leslieville**. Dieses Viertel zwischen Logan und Connaught Avenue bezeichnet man bereits als „poor cousin" von Queen West 20, doch es wird immer beliebter und dank der kuriosen Mischung aus alteingesessenen und neu zugezogenen hippen Bewohnern steigt die Zahl ausgefallener Läden und Lokale.

Während man entlang der **Queen Street East** in Läden (meist Bade- und Sportmode oder Strandzubehör) stöbern und in Bars, Cafés und Lokalen (v. a. 800er- und 900er-Block) kühle Drinks genießen kann, spielt sich am Seeufer entlang dem **Boardwalk** das Strandleben ab. Dieser Plankenweg erstreckt sich über rund 4 km die Strände entlang (Infos: www.thetorontobeaches.com).

Zwei ungewöhnliche Sehenswürdigkeiten gibt es zu betrachten: Einmal die **RC Harris Filtration Plant** am Ostende der Beaches (2701 Queen St. E/Victoria Park Ave.), in den 1930er-Jahren als sehenswertes Art-déco-Gebäude erbaut und bis heute als Wasseraufbereitungsanlage genutzt. Zum anderen liegen einige Kilometer östlich der Beaches (Bus Nr. 12, Kingston Rd., dann ca. 10 Min. zu Fuß) die **Scarborough Bluffs**, eine Sandsteinformation, die teils in den See ragt und im Kontrast zu den sonst flachen Stränden steht. Hier entstand eine kleine Hausbootsiedlung und mit dem **Bluffer's Park Beach** befindet sich hier eine schöne Bucht.

› Tram 501, u. a. Kingston Rd., Woodbine Ave., Wineva Ave. oder Neville Park Loop (Endstation)

Ausflüge – Trips out of Town

48 Black Creek Pioneer Village ★

Rund 30 km nordwestlich der Innenstadt, in Vaughan, nahe dem Shopping Center Vaughan Mills (s. S. 73), entstand um den Bauernhof des deutschstämmigen Daniel Strong, eines Mennoniten aus Pennsylvania, der sich zu Beginn des 19. Jh. hier niedergelassen hatte, ein sehenswertes **Freiluftmuseum** mit rund 30 Gebäuden. Diese wurden vielfach hierher umgesetzt oder nachgebaut. Das Dorf zeigt, wie es im 19. Jh. in Ontario ausgesehen haben mag. Angestellte in historischen Gewändern schicken Besucher im Sommer auf Zeitreise.

▷ *Die McMichael Canadian Art Collection beherbergt hochkarätige kanadische Kunst*

Ausflüge – Trips out of Town

KURZ & KNAPP

Binder Twine Festival
Die Kleinburger Veranstaltung im September geht auf ein Bauernfest zurück, zu dem die Farmer kamen, um Zwirn („twine") für das Binden von Getreidebüscheln zu kaufen. Charlie Shaw, Chef von Shaw's Hardware Store, bot dazu Essen und Unterhaltung. 1967 wurde das Event wiederbelebt und zum Gemeindefest mit Essen und Unterhaltung erklärt.
› www.bindertwine.ca

› 1000 Murray Ross Pkwy., Vaughan/North York, www.blackcreek.ca, Mai–Dez. tgl. meist 10–16/17 Uhr (variiert saisonal), C$ 15 (Parkgebühr C$ 7), mit Black Creek Historic Brewery & Restaurant. Anreise via Highway 400, Exit 27 (Steeles Ave.) oder Jane St. (ab Bloor) bzw. T-Station „Pioneer Village" (Linie 1)

49 McMichael Canadian Art Collection ★★

Ein Muss für Kunstfreunde im Großraum Toronto ist die McMichael Canadian Art Collection. Sie liegt in einer hügeligen Waldlandschaft nordwestlich der Stadt, in der kleinen Ortschaft Kleinburg (www.kleinburgvillage.ca). 1848 von John Kline – einem Schweizer Uhrmacher, der hier eine Getreidemühle betrieb – auf einem Hügelkamm über dem Humber River gegründet, war Kleinburg lange ein Bauerndorf. Heute handelt es sich hingegen um einen attraktiven Vorort Torontos mit Shops und Lokalen im Ortskern. Besonders viel los ist hier während des **Binder Twine Festivals** Anfang September (s. oben).

Das **Museum** am Ortsrand geht auf die Sammlung von Robert und Signe McMichael zurück und liegt quasi mitten in einer Waldlandschaft. In sehenswerter Architektur aus Stein und Holz, präsentiert es einen informativen **Querschnitt der kanadischen Kunst.** Neben der umfangreichen Sammlung von Werken der sogenannten „Group of Seven" gibt es eine große indianische Kunstsammlung sowie Inuit- und moderne Kunst.

Die **Group of Seven** war eine Malergruppe, die Anfang des 20. Jh. in der Wildnis Ontarios lebte und – vergleichbar mit der sogenannten Hudson River School, die sich im 19. Jahrhundert in den USA gebildet hatte – sich ganz der Landschaft widmete. Angeregt hatte sie der exzentrische Maler Tom Thomson (1877–1917), der besonders im Algonquin Park tagelang in der freien Natur lebte und dort auf ungeklärte Weise starb. Ihm folgten Maler wie Lawren Harris (1885–1970) und J.E.H. MacDonald (1873–1932), die die Group of Seven ins Leben riefen. Im Landschaftspark rings um das Museum befinden sich die Grabstätten von sechs der sieben Maler der Gruppe.

› 10365 Islington Ave., Kleinburg, www.mcmichael.com, tgl. 10–16 Uhr (in der NS Di. geschl.), C$ 18 (Parken C$ 7), Anreise mit Pkw via Highway 400 bis Exit 35, dann Major Mackenzie Dr., Richtung Westen und nordwärts über die Islington Ave. nach Kleinburg; mit öffentlichem Nahverkehr nur umständlich erreichbar.

> **EXTRATIPP**
>
> **Per Rad und Zug**
> Nahverkehrszüge nehmen an Sommerwochenenden zwischen Toronto und Niagara Falls bzw. zu Zielen in Eastern, Northern und South Western Ontario auch Fahrräder mit.
> › Infos: www.biketrain.ca und https://beta.gotransit.com/en/trip-planning/getting-to-go/biking/biking

⑤⓪ Niagara Falls ★★★

Die Niagara Falls an der Grenze zwischen Ontario und dem US-Bundesstaat New York zählen zu den größten Naturwundern der Welt, die sich am spektakulärsten an Bord der „Hornblower" – einem Boot, das sich den Fällen auf Tuchfühlung nähern und unter ihnen durchfahren kann – oder (bequemer und trockener) vom Skylon Tower aus bewundern lassen.

Genau genommen handelt es sich um **zwei Wasserfälle**: die rund 640 m breiten Horseshoe Falls in Kanada und die „nur" 330 m messenden American Falls. In der Mitte liegt **Goat Island**, die auf US-Gebiet befindliche „Ziegeninsel". Pro Minute ergießen sich rund 150 Millionen Liter Wasser aus dem Eriesee über die Felswände etwa 40 m tief hinab, um wild schäumend weiter zum Ontariosee, dem östlichsten der Great Lakes, zu fließen.

Auch wenn die Wassermassen noch heute beeindrucken, haben Wasserkraftwerke und der **Saint Lawrence Seaway** das Naturwunder längst gebändigt. Der Kanal verbindet über eine Strecke von etwa 3700 km die fünf Great Lakes mit dem Atlantik.

Ideale erste Anlaufstation an den Niagara Falls ist das Besucherzentrum der **Niagara Parks Commission** im Table Rock Welcome Centre. Neben Tickets für die Bootsfahrt oder die „Journey Behind the Falls" gibt es die sehr beeindruckende Multimediashow zur Entstehung, „Niagara's Fury".

Die Promenade auf kanadischer Seite ist im Übrigen hübsch angelegt und bietet einen hervorragenden Ausblick auf die Wasserfälle. Kontrast-

Die Niagara Falls bestehen eigentlich aus zwei Wasserfällen: hier die American Falls

Wein aus Niagara

Erstmals sorgten Weine aus Niagara bei der **Vinexpo 1991** in Bordeaux für Aufsehen: Damals gewann ein Eiswein aus Kanada die Goldmedaille. Der „Icewine" der Kellerei **Inniskillin** aus Niagara-on-the-Lake gilt seither als einer der besten der Welt. Sinkt das Thermometer dauerhaft unter minus 8 °C, besser minus 10 °C, dann ist die Zeit gekommen, die gefrorenen Trauben zu lesen und zu keltern. 1975 hatten die Pioniere des kanadischen Weinanbaus, der Deutsche Karl Kaiser und der Kanadier Donald Ziraldo, Inniskillin gegründet und 1989 für Kanada ein **Gütesiegel** – VQA, Vintners Quality Alliance – durchgesetzt.

Seither blüht auf der sogenannten **Niagara Peninsula** die Weinindustrie. Speziell entlang dem südwestlichen Ufer des Lake Ontario, zwischen Toronto und der Mündung des Niagara River, machte man sich mit erstklassigen **Eisweinen** und **Riesling** einen Namen. Inzwischen hat sich die Region nach dem Okanagan Valley im westlichen British Columbia sogar zum zweitgrößten Anbaugebiet Kanadas entwickelt.

Denkt man an die sonst so strengen kanadischen Winter, zeichnet das Weinland am Niagara River die geschützte geografische Lage aus. Dort herrschen fast ähnliche klimatische Verhältnisse wie im Burgund oder an der Loire. Die Niagara Falls liefern den Grund für diese besondere Situation: Die Wassermassen stürzen über das sogenannte Niagara Escarpment in die Tiefe. Diese „Schichtstufe" beschreibt einen großen Bogen um die Great Lakes (die „Großen Seen") und sorgt dafür, dass der nördliche Teil der Niagara Peninsula bis zu 50 m tiefer und damit geschützter liegt.

Zwischen Schichtstufe und Seeufer entsteht ein ganz **spezifisches Klima**, das zwar kalte Winter kennt, wo jedoch kaum Bodenfrost herrscht. Die Sommertemperaturen übersteigen sogar jene in Bordeaux, im Burgund, der Champagne oder im Languedoc, was sich angesichts der kühlen Winde vom Lake Ontario jedoch kaum bemerkbar macht. Insgesamt ideale Bedingungen für den Weinanbau! Eiswein ist allerdings längst nicht mehr das einzige, wenn auch das teuerste Aushängeschild der Region. Besonders Riesling kommt mit den kalten Wintern und Frühjahren gut zurecht, aber auch **Pinot Noir** und **Chardonnay** entwickeln sich zunehmend besser. Unter den Winzern befinden sich zahlreiche Deutsche: Kaiser machte den Anfang, Winzer wie Klaus W. Reif oder Jens Gemmrich, der mit **Frogpond Farm** 2006 die erste Bio-Kellerei eröffnet hat, traten in seine Fußstapfen.

- **31 Inniskillin,** 1499 Line 3/Niagara Pkwy. (südlich des Ortes Niagara-on-the-Lake), www.inniskillin.com, tgl. mehrere Touren ab 10.30 Uhr (C$ 10, Icewine Tour C$ 15), Shop und Tasting Bar
- **32 Frogpond Farm,** 1385 Larkin Rd. (südlich von Niagara-on-the-Lake), www.frogpondfarm.ca, tgl. 11–18, im Winter 11–17 Uhr
- **33 Reif Estate Winery,** 15608 Niagara Pkwy., Niagara-on-the-Lake, www.reifwinery.com, tgl. 10–17/18 Uhr, verschiedene Touren und Verkostungen ab C$ 7,50. Mit „Wine Sensory Garden".

programm gibt es hingegen stadteinwärts, entlang der Straße Clifton Hill, wo ein Rummel herrscht, der fast schon an Las Vegas erinnert. Es empfiehlt sich, nach einigen Stunden Aufenthalt die Fahrt entlang dem Niagara River ins **Weinland** um die kleine Ortschaft **Niagara-on-the-Lake** 🟥 fortzusetzen und dort zu übernachten.

Infos
- 🟥**34 Niagara Falls Tourism**, 6815 Stanley Ave., Niagara Falls/ON, http://niagarafallstourism.com, Tel. 905 3566061
- **Ontario Travel Information Centre**, 5355 Stanley Ave./Hwy. 420, tgl. mind. 8.30–18 Uhr, im Sommer bis 20 Uhr, www.ontariotravel.net
- **Niagara Parks Commission**, mehrere Welcome Centres, u. a. Table Rock Centre, 6650 Niagara Pkwy., www.niagaraparks.com. Mit Shop, Restaurant und imposanter Multimediashow „Niagara's Fury".
- **Hotels**: www.niagarafallshotels.com
- Es lohnt sich, bei der Niagara Parks Comission einen Besucherpass namens **Adventure Pass** zu kaufen, den es vom 1.5. bis 31.10. in drei Varianten – „Classic", „Nature" und „Plus" – gibt. Er gilt für eine Bootsfahrt und gewährt freien Eintritt zu mehreren Attraktionen sowie dem WEGO-Shuttlebus, Kosten für die beiden Erstgenannten: C$ 65.

Wichtigste Attraktionen
- **Hornblower Niagara Cruises**, www.niagaracruises.com, C$ 25,95, April–November
- **Skylon Tower**: www.skylon.com, ca. C$ 15, Kombiticket mit Film ca. C$ 21

Übernachten
- 🟥**35 Shaw Club Hotel**, 92 Picton St., Niagara-on-the-Lake, Tel. 905 4685711, www.niagarasfinest.com/shaw. Das kleine Hotel der Extraklasse überzeugt mit hochmodern, fast minimalistisch eingerichteten Zimmern, deren Luxus im Detail liegt. Das zugehörige Restaurant „Zees" zählt außerdem zu den besten Lokalen im Umkreis.

Anreise
- Mit dem **Auto** über den Queen Elizabeth Way (QEW, ca. 150 km), mit **VIA Rail**, im Sommer auch mit GO Transit (www.gotransit.com) ab Union Station (tgl. mehrere Züge, www.viarail.ca, organisierte **Bustouren** ab Toronto (z. B. www.grayline.com/tour_search?q=toronto)

🟥 Niagara-on-the-Lake und Wine Country ★★★

Wein aus Kanada? Meist erstaunt stellen Weinliebhaber fest, dass der Süden Ontarios auf demselben Breitengrad wie die Provence oder die Toskana liegt und hier Trauben gedeihen. Weine aus der Niagara-Region werden immer bekannter.

Etwa 150 Weingüter gibt es in Ontario, schwerpunktmäßig zwischen Niagara-on-the-Lake, Port Dalhousie, Jordan und Winona. Meist handelt es sich um kleinere Familienbetriebe, etliche betreiben kleine Läden und Probierstuben und/oder bieten Touren an, dazwischen laden kleine Bed and Breakfasts und Restaurants zum Verweilen ein.

Beliebtes Standquartier sowohl für den Besuch der Wasserfälle wie auch für eine Weintour ist das malerische Städtchen **Niagara-on-the-Lake.** Direkt an der Mündung des Niagara Rivers in den Lake Ontario gelegen und umgeben von Rebflächen, hat das kleine Städtchen ein besonderes, „englisches" Flair. Hübsche Läden und Cafés reihen sich entlang der Main Street auf und vom Bausti über den „Five o'Clock Tea" und bri tisch angehauchte Grand Hotels bis hin zu Läden mit englischen Accessoires spürt man das **britische Erbe.**

Kein Wunder, war doch die Stadt Ende des 18. Jh. die erste Hauptstadt Upper Canadas. Daran erinnert auch noch das alte **Fort George** (Fort George National Historic Park, www.pc.gc.ca/en/lhn-nhs/on/fortgeorge), das im Krieg gegen die USA 1812 als Hauptquartier der Briten diente. Auf der anderen Seite der Mündung des Niagara Rivers liegt die US-Festung **Old Fort Niagara.**

Infos

› www.niagaraonthelake.com, https://winecountryontario.ca, https://wineriesofniagaraonthelake.com und www.grapegrowersofontario.com

Anreise

› (s. Niagara Falls (50)) Auch hierher gibt es massenhaft organisierte Bustouren und außerdem **Winery Tours** (Webseite: http://winecountrytours.ca). Mit dem Auto folgt man am besten der Weinroute (Highway 81/87), die südlich von Hamilton ab dem QEW (Queen Elizabeth Way) ausgeschildert ist.

(52) Sainte-Marie among the Hurons ★

Kaum 150 km nördlich des Großraums Toronto erstreckt sich eine wunderschöne Naturlandschaft und daher ein beliebtes Naherholungsgebiet, bekannt als „Cottage Country". Trotz des im Sommer herrschenden Zulaufs gibt es stille Ecken, wo man in die Wildnis zwischen Georgian Bay und Algonquin Park abtauchen kann.

Von **Midland** und dem benachbarten Hafenstädtchen **Penetanguishene** mit dem Freiluftmuseum **Discovery Harbour** verkehren Ausflugsboote in die faszinierende Insel- und Küstenlandschaft um die **Georgian Bay.** Hier befand sich einst die Heimat der Huron-Indianer, weshalb die Gegend auch als „**Huronia**" bekannt ist. Abgesehen vom Naturerlebnis gibt es einen sehenswerten Ort, der das Scheitern eines **Experiments** in der Frühzeit Kanadas dokumentiert: das Zusammenleben von Jesuiten und Huronen in der Gemeinde **Sainte-Marie among the Hurons.** 1940 erwarben Jesuiten das Land, auf dem einst die Mission stand, 1941 begannen Ausgrabungen und in den 1960er-Jahren wurde die Siedlung als **Freilichtmuseum** wiederaufgebaut.

Heute sind das Freigelände, ein Museum und der benachbarte **Martyr's Shrine,** in dem die getöteten Jesuiten ihre letzte Ruhe fanden, nachdem sie 1930 heilig gesprochen worden waren, Hauptattraktionen in Huronia. Das nahe **Huron-Ouendat Village** mit dem **Huronia Museum** informiert ebenfalls über die lokalen Indianer.

Infos

ℹ 36 **Southern Georgian Bay Chamber of Commerce,** 208 King St., Midland, Mo.–Fr. 9–16 Uhr, http://southerngeorgianbay.ca

Attraktionen

★37 **Huron-Ouendat Village** mit **Huronia Museum and Gallery of Historic Huronia,** 549 Little Lake Park (ab King St.), Midland, http://huroniamuseum.com, tgl. 9–17 Uhr (NS nur Mo.–Fr.), C$ 12

★38 **Martyr's Shrine,** Highway 12 (gegenüber Sainte-Marie), Midland, www.martyrs-shrine.com, Info Office tgl. 9–17 Uhr, C$ 5

★39 **Sainte-Marie among the Hurons,** Hwy. 12/County Rd., Midland, http://saintemarieamongthehurons.on.ca, Mai–Okt. 10–17 Uhr, C$ 12

Das Scheitern eines Experiments

*Eine Handvoll Jesuiten startete im 17. Jh. mitten in der Heimat der einst mächtigen Huronen-Konföderation, ein wegweisendes Experiment: Zusammen mit den Indianern wollten sie eine Gemeinde aufbauen, die als Exempel für **friedliches Zusammenleben** verschiedener Völker in der Wildnis dienen sollte.*

*Im späten 16. Jahrhundert hatten die im Jahr 1540 von Ignatius von Loyola gegründeten Jesuiten in Südamerika bereits Ähnliches versucht: die Gründung sogenannter Reduktionen – vereinfachend „Jesuitenstaat" genannt. Die Jesuiten bezweckten damit, die Indianer freiwillig in ihre neu gegründeten Dörfer zu locken, um sie zu **bekehren** und gewaltlos und mit viel Pragmatismus vom Leben in städtischer und christlicher Gemeinschaft zu überzeugen.*

*Nun versuchte man, eine solche Gemeinde auch in Nordamerika zu etablieren. Father Jean de Brébeuf war 1626 der Erste, der zu den Huronen zog, die sich selbst „Wendat" bzw. „Ouendat" nannten und zwischen Lake Ontario und Georgian Bay lebten. 1638 begann Father Jérôme Lelemant dann mit einer Handvoll Jesuiten und einigen frankokanadischen Gehilfen 1639 die **Mission Sainte-Marie** zu bauen. Er hatte einen Platz am Wye River gewählt, nahe einer Bucht an der Georgian Bay, heute nicht fern der Hafenstadt Midway.*

*Dieses „Sainte-Marie-au-pays-des-Hurons" war nicht nur die westlichste Missionsstation der Jesuiten in Kanada, der Ort galt auch als die größte europäische Siedlung auf dem nordamerikanischen Kontinent nördlich von New Orleans. Der Platz sollte zu einem Sammelpunkt der Huronen werden, die zum katholischen Glauben konvertiert waren. Sie wurden in **europäischen Handwerkskünsten** aber auch im Lesen und Schreiben unterrichtet, während die Jesuiten von den Indianern z. B. den **Anbau typischer Pflanzen** wie Mais oder Tabak lernten.*

*Da jedoch die Feinde der Huronen, die Irokesen, eine konstante Bedrohung darstellten, entsandte die Kolonialverwaltung aus Québec schließlich zum Schutz der Siedlung **Soldaten**. Doch selbst unter den Huronen kam es zu **Streitigkeiten**: Während ein Teil der aus verschiedenen Stämmen zusammengesetzten Konföderation die Vorteile des Zusammenlebens mit Jesuiten und Franzosen erkannte, wollten andere die eigenartigen Fremden lieber loswerden.*

*In dem Konflikt zwischen Huronen und **Irokesen** platzte schließlich auch der Traum der Jesuiten von einer friedlichen Siedlung. Acht der Jesuiten, darunter de Brébeuf, wurden von Irokesen grausam getötet und die Überlebenden gaben die Siedlung auf.*

🅼 **40 Discovery Harbour,** 93 Jury Dr., Penetanguishene, www.discoveryharbour.on.ca, Mai–Anfang Sept. tgl. 10–17 Uhr, C$ 12 + Steuer

Bootstouren

› ab Midland, King St. (www.midlandtours.com, C$ 32) mit der „Miss Midland" 2½ Stunden durch die Bay um Beau-

Ausflüge – Trips out of Town

soleil Island (Georgian Bay Islands National Park) oder ab Penetanguishene mit 30,000 Islands Cruise (ab C$ 28, im Sommer weitere Cruises.

Unterkunft
> zahlreiche Country Inns oder Bed and Breakfasts, aber auch preiswertere Kettenhotels/Motels wie das Best Western:

41 **Quality Inn & Conference Centre Midland** $^{\$\$}$, 924 King St., Midland, www.qualityinnmidland.ca, Tel. 7055269307

Anreise
> Mit dem Pkw über Highway 400 bis Exit 121, dann Highway 93 Richtung Midland

🔴 Stratford ★★

Stratford ist ein kleines Städtchen im Westen Torontos mit ca. 32.000 Einwohnern. Der Ort hat sich zum Pilgerort für Theaterfans gemausert, da zwischen April und Nov. hier das renommierte **Stratford Shakespeare Festival** stattfindet. 1952 gegründet, werden inzwischen nicht mehr nur Stücke von Shakespeare aufgeführt, sondern auch andere Klassiker, z. B. von Beckett, Brecht oder Ibsen, manchmal auch von kanadischen Autoren. Und das auf gleich fünf Bühnen: Festival Theatre, Avon Theatre, Tom Patterson Theatre (benannt nach dem Journalisten, der das Festival ins Leben rief) und das kleinere Studio Theatre sowie der Festival Pavilion im Freien.

Die Ortschaft, leicht mit dem Zug von Toronto aus erreichbar, gilt zudem als eine der **schönsten Kleinstädte** Ontarios. Ein Rundgang durch den Heritage District um die Ontario Street (Highway 7/8) und entlang dem Avon River bzw. Victoria Lake mit seiner parkähnlichen Landschaft lohnt und darüber hinaus locken kleine Läden, Cafés und ausgezeichnete Restaurants.

Infos
> 42 **Stratford Tourism Alliance,** Visitors Centre: 47 Downie St., www.visitstratford.ca, Mo.–Fr. 9–mind. 17, Sa./So. 10–mind. 16 Uhr, im Winter So. geschlossen, im Sommer kleiner Infokiosk am Fluss (York St., tgl. 10–18 Uhr)

Attraktionen
> **Stratford Festival,** 55 Queen St., Tel. 18005671600, www.stratfordfestival.ca

Übernachten
> **Stratford Tourism** bietet eine Liste verfügbarer Unterkünfte mit Buchungsoption an: www.visitstratford.ca/where-to-stay-book-a-room.

Restaurants
> 43 **Boomers Gourmet Fries** $^{\$}$, 26 Erie St., tgl. außer So./Mo. Berühmt für seine preiswerten „Fish and Chips".

Anreise
> Mit dem **Auto** über den Highway 401 bis Kitchener-Waterloo, dann Highway 8 nach Stratford (ausgeschildert), ca. 125 km, mit **VIA Rail** ab Toronto Union Station bis Stratford (Downie St./Stadtzentrum) mehrmals tgl. (www.viarail.ca), Busservice während des Festivals, siehe www.stratfordfestival.ca/Visit/GettingHere

🔴 Mennonite Country ★

Stratford liegt am Westrand des ehemaligen Hauptsiedlungsgebiets der deutschstämmigen Mennoniten. Bis heute ist das idyllische **St. Jacobs** der Hauptort des „**Mennonite Country**", wo rund 4000 deutschstämmige Mennoniten der strengen „Old Order" und mehr als doppelt so viele „Liberale" leben. Das Städtchen St. Jacobs selbst lädt zum Bummel ein, vor allem empfiehlt sich aber eine Fahrt über Land, wo viele der über 100 Farmer ihre Produkte verkaufen.

Vor rund 40 Jahren wurde St. Jacobs bewusst zum touristischen Knotenpunkt umgestaltet, um den Besucherstrom zu lenken. Das **Mennonite Story Interpretive Centre** (1406 King St.), eine multimediale Ausstellung, informiert allgemein über die deutschstämmigen Religionsflüchtlinge.

In den renovierten Bauten entlang der Hauptstraße King Street und in der St. Jacobs Mill, der alten Gemeinde-Getreidemühle, sind zahlreiche Künstlergalerien, kleine Geschäfte und Lokale eingezogen. Der **St. Jacobs Farmers' Market**, 3 km südlich, hat sich zu einem riesigen Bauernmarkt entwickelt, der auch Städter in Scharen anlockt. Daneben gibt es das „Market Road Antiques", ein Antiquitäten-Kaufhaus.

Zwischen den beiden Ortschaften Stratfort und St. Jacobs liegt mit **Kitchener and Waterloo** ein städtisches Zentrum. Heute sind die *Twin Cities* bekannt für Hightech (u. a. Microsoft- und Google-Niederlassungen) und, aufgrund der University of Waterloo und der Wilfrid Laurier University, als Studentenstadt. Bis zum Zweiten Weltkrieg hieß Kitchener noch „New Berlin" und fungierte als das deutsche Zentrum Ontarios. Einige alte Traditionen haben sich erhalten, z. B. das legendäre **Kitchener Oktoberfest**, das als zweitgrößtes der Welt gilt.

Infos

- **45 St. Jacobs VC** mit **The Mennonite Story**, 1406 King St., https://stjacobs.com, Mo.–Sa. 11–17, So. 13.30–17 Uhr, im Winter nur Sa. 11–16.30 und So. 14–16.30 Uhr, C$ 5
- **Kitchener/Waterloo:** www.explorewaterlooregion.com

Attraktionen

- **Kitchener Oktoberfest,** eine Woche Anf./Mitte Oktober www.oktoberfest.ca
- **46 St. Jacobs Farmers' Market,** Weber St. ab King St., www.stjacobs.com/farmers-market, Do./Sa. 7–15.30, im Sommer auch Di. 8–15 Uhr. Daneben befindet sich **The Outlets St. Jacobs & Market District** (www.stjacobsoutlets.com, u. a. großer Levi's!).

Unterkunft und Restaurants

- Das **St. Jacobs VC** bietet auf seiner Website eine Liste mit Unterkünften nebst Kontaktinformationen an (https://stjacobs.com, „Plan your Visit").
- **47 Desert Rose Café** $^{$$}$, 130 Metcalfe St., Elora. Bekannt für vegetarische und vegane Gerichte (https://desertroseelora.com).

Anreise

- Von Toronto über den Highway 401 mit dem eigenen Pkw

EXTRAINFO

Man sollte eine **Mennonitenfarm** nur dann besuchen, wenn man auch etwas kaufen möchte. Neugierige Touristen werden nicht gern gesehen und beim Fotografieren sollte man um Erlaubnis fragen. Die angebotenen Produkte (Obst, Gemüse, Eingemachtes etc.) sind gut und preiswert und die Menschen gastfreundlich. Infos zu Farmtouren gibt es unter http://stjacobshorsedrawntours.com/mennoniteFarmTours.html.

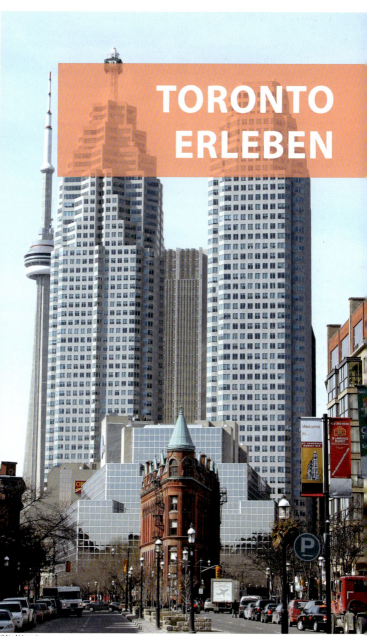
TORONTO ERLEBEN

Toronto für Kunst- und Museumsfreunde

ROM (Royal Ontario Museum) und AGO (Art Gallery of Ontario), die beiden herausragenden Museen der Stadt, sind nicht nur wegen ihrer umfangreichen Sammlungen ein Muss für jeden Besucher, sondern dank ihrer spektakulären modernen Anbauten zugleich prägend für das Gesicht der Stadt. Sie führen die Liste der Museen an, doch ist in Toronto für jeden Geschmack etwas geboten.

Hinweis: Häufig sind Eintrittspreise ohne die gültige Steuer von derzeit 13 % ausgewiesen.

Museen

- **18** [K11] **Art Gallery of Ontario (AGO).** Größte Henry-Moore-Sammlung der Welt, außerdem europäische alte Meister, die Group of Seven sowie kanadische und internationale zeitgenössische Kunst. Spektakulärer Erweiterungsbau von Frank Gehry (s. S. 29).
- **34** [K8] **Bata Shoe Museum.** Weltweit einmaliges Schuhmuseum der gleichnamigen tschechischen Firma. Eindrucksvolle Präsentation von Schuhen von der Frühzeit bis heute in sehenswerter Architektur von Raymond Moriyama (s. S. 41).
- **48** **Black Creek Pioneer Village.** Rekonstruiertes Dorf aus den 1860er-Jahren mit Wohnhäusern, öffentlichen Bauten, Farmen, kostümierten Museumsangestellten und Vorführungen (s. S. 50).
- **37** [J6] **Casa Loma.** Nobler Wohnsitz von Sir Henry Pellatt mit Türmen, Tunneln und Ställen sowie hochherrschaftlich ausgestatteten Räumen und prächtigen Gärten (Mai–Okt.), Touren, Shop und Terrace Grill Restaurant (s. S. 42).
- **48** [L13] **CBC Broadcasting Centre** mit **CBC Museum**, 250 Front St. W, www.cbc.ca/museum/index.html, Mo.–Fr. 9–17 Uhr, Eintritt frei. Infos über das kanadische TV- und Radioprogramm und eigener Souvenirshop.
- **5** [I13] **Fort York National Historic Site.** Ort der „Battle of York" von 1813 und Keimzelle des modernen Toronto. Restaurierte Bauten **(Old Fort York)** sowie Veranstaltungen und Demonstrationen speziell zu bestimmten Feiertagen (s. S. 20).
- **33** [L8] **Gardiner Museum.** Außergewöhnliches Keramikmuseum, Gefäße aller Art und quer durch die Zeiten, ein sehr schöner Laden und ein Restaurant gehören dazu (s. S. 40).
- **11** [M13] **Hockey Hall of Fame.** Riesiges Museum (mit interaktiven Ausstellungsstücken) ganz im Zeichen des Eishockeys. Außerdem wird hier der Stanley Cup aufbewahrt und es gibt eine „Hall of Fame" für Eishockeylegenden (s. S. 24).
- **17** [N11] **Mackenzie House Museum.** Greek-Revival-Reihenhaus in Downtown, einst Sitz von Torontos erstem Bürgermeister William Lyon Mackenzie. Ausstellung zum Leben im 19. Jahrhundert (s. S. 28).

> **EXTRATIPP**
>
> **Spartipp CityPass**
> Der **CityPass** kann für derzeit 68,26 € im Internet bestellt werden oder ist für C$ 88 + Steuer vor Ort erhältlich. Er ist neun Tage lang gültig und gewährt freien Eintritt in fünf Sehenswürdigkeiten (CN Tower, Casa Loma, Ontario Science Centre oder Toronto Zoo, Royal Ontario Museum, Ripley's Aquarium). Infos: http://de.citypass.com/toronto.

◁ *Vorseite: Toronto bietet architektonische Vielfalt*

Toronto für Kunst- und Museumsfreunde

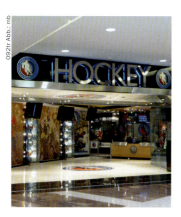

49 McMichael Canadian Art Collection. Herausragende Sammlung kanadischer Kunst, v. a. von Werken der Group of Seven, der Inuit und First Nations, mitten in der Naturlandschaft des Humber River Valley (s. S. 51).

49 [C9] Museum of Contemporary Canadian Art (MOCCA), 158 Sterling Rd. https://museumofcontemporaryart.ca. Neueröffnung am 26.5.2018. Zeitgenössische Kunst.

44 [W2] Ontario Science Centre. Interaktive Ausstellungsstücke zu Wissenschaft, Technik, Medizin etc. Mit Omnimax Theatre (stündl. Filme), Weston Family Innovation Centre und „KidsPark" für Kleine (s. S. 48).

50 [L13] Ripley's Aquarium of Canada, 288 Bremner Blvd., www.ripleyaquariums.com/canada, tgl. 9 – 21/23 Uhr, Tickets ab C$ 35 (günstiger im Internet), im CityPass (s. S. 60) enthalten. Sehenswertes Aquarium neben dem CN Tower.

51 [Q10] Riverdale Farm, 201 Winchester St., www.toronto.ca (Suchbegriff: „Riverdale Farm"), tgl. 9 – 17 Uhr, Eintritt frei. Naturareal in Cabbagetown mit Vorführungen, Tieren und Gärten sowie im Sommer Farmers' Market (Di. 15 – 19 Uhr).

32 [L8] Royal Ontario Museum (ROM). Das Museum gilt als eines der angesehensten und größten Kanadas. Abteilungen zu Weltkulturen, Naturgeschichte, Kunst und Architektur sowie Wechselausstellungen, Programme, Touren und Veranstaltungen (s. S. 40).

52 [N10] Ryerson Image Centre, 33 Gould St., www.ryerson.ca/ric, Di.-Fr. 11 – 18, Mi. bis 20, Sa./So. 12 – 17 Uhr, Eintritt frei. Das RIC liegt auf dem Universitätscampus nahe Downtown und bietet interessante Wechselausstellungen, v.a. mit Fotos, dazu Lesungen, Vorträge u.a. Events.

38 [K6] Spadina Museum. Am Beispiel der reichen Torontoer Austin-Familie wird mit edlen Möbeln, edler Innenausstattung sowie viktorianischem Garten der Lebensstil um die Wende des 19./20. Jh. dargestellt (s. S. 43).

Kunstgalerien

Galerienviertel sind v. a. **Bloor-Yorkville** 31 rund um Hazelton Lane und Cumberland Street oder **West Queen West** 43. Insbesondere Inuit-Kunst – Schnitzereien in Stein, Knochen oder Horn – findet man hier.

53 [L13] Bay of Spirits Gallery, 156 Front St. W, www.bayofspirits.com. Indianische Kunst und Kunsthandwerk v. a. der Northwest Coast (Inuit, Six Nation) sowie Masken, Gemälde, Drucke, Schmuck u. a.

54 [M8] Kinsman Robinson Galleries, 108 Cumberland St, www.kinsmanrobinson.com. Kanadische Kunst des 20./21. Jh., v. a. First-Nations-Künstler.

Legendär: die Hockey Hall of Fame 11

Toronto für Architekturinteressierte

Die moderne Skyline prägt das Gesicht Torontos. Unter den Gebäuden befindet sich eine Reihe von wegweisenden Bauten, doch auch eine beachtliche Zahl an historischen Baudenkmälern hat sich erhalten.

Das städtebaulich auffälligste Merkmal der Stadt bemerkt man zunächst gar nicht: **PATH** (s. S. 90), jenes knapp 30 km lange Netz von Wegen, breitet sich nämlich unter dem Downtown Financial District aus und bildet mit seinen Läden und Lokalen eine eigene Welt im Untergrund.

Die „**Architectural Landmarks**", d. h. die historischen Bauten zwischen CBD und Old Town, fallen – überragt von modernen Wolkenkratzern – nicht gleich ins Auge. Die **St. Lawrence Hall** ❷ und der **St. Lawrence Market** ❷ in Old Town gehören ebenso dazu wie das Gooderham Building von 1891, besser bekannt als **Flatiron Building** ❷. Toronto bietet eine beachtliche Sammlung alter **Hotels**, **Banken** – wie die **Bank of Upper Canada** (George/Adelaide St.), erbaut 1825–27 – und **Theater** (s. S. 63). Daneben hat sich gerade entlang der Church Street eine Reihe historischer **Kirchen** (s. S. 29) erhalten, wie die **Cathedral Church of St. James** ❷, deren Kern ins Jahr 1803 zurückreicht.

Zu den architektonischen Gesamtkunstwerken gehört der **Campus der University of Toronto** ❸, dessen Geschichte ins Jahr 1827 zurückreicht, als das King's College, die erste Hochschule in Upper Canada (Ontario), gegründet wurde. Ein sehenswerter alter **Fabrikkomplex** ist die Gooderham & Worts Distillery: Wo früher Whiskey hergestellt wurde, befindet sich heute mit dem **Distillery Historic District** ❷ ein beliebtes Ausgehviertel.

Sehenswerte **Art-déco-Architektur** hat Toronto mit der **Stock Exchange** (heute Design Exchange) von 1937 (234 Bay St.), dem **Canada Permanent Building** (320 Bay St.) von 1928 im ägyptisierenden Stil oder dem **CIBC Building**, der 1929 restaurierten Bank of Commerce (s. S. 23), zu bieten. Auch die Lobby der früheren **Dominion Bank of Canada** (Yonge/King St., heute ein Hotel) ist sehenswert. Das **Allstream Centre** ❻ verknüpft Art Déco mit ökologischer Bauweise.

Die **City Hall** ❸ verkörpert ebenso wie Mies van de Rohes **Toronto-Dominion Centre** ❷ von 1986 die Moderne. Die **Allen Lambert Galleria** im **Brookfield Place** (1987–92, s. S. 73) von Santiago Calatrava fällt ebenso ins Auge wie – allein schon wegen der Höhe – der 1976 entstandene **CN Tower** ❶. Vom Erweiterungsbau des **ROM** ❷ – genannt „Michael Lee-Chin Crystal" – von Daniel Libeskind und vom Anbau der **AGO** ❸ des aus Toronto stammenden Stararchitekten Frank Gehry war bereits oben die Rede. Neben dem Brookfield Place gehört die zweitürmige **Royal Bank Plaza** (s. S. 24) von 1977 wegen der vergoldeten Fenster zu den herausragenden Wolkenkratzern. Gegenwärtig grassiert in der Stadt ein Bauboom und vor allem in Downtown (s. S. 14), dem Financial District ❾ und an der Waterfront ❹ (die derzeit ein Facelifting erlebt) entstehen *en masse* neue Apartmenthochhäuser. Zu den modernsten Bauten der Stadt zählen der 280 m hohe frühere **Trump Tower** (jetzt: **The Adelaide**) (Ecke Bay/Adelaide St.), **Pier 27** (ein Wohnkomplex an der Waterfront, Queens Quay

East), der L Tower (Ecke Esplanade/ Scott St.) von Daniel Libeskind und die **Glastürme am Maple Leaf Square** neben dem Air Canada Centre ❸.

Zu den höchsten modernen Gebäuden der Stadt und des Landes zählen neben **The Adelaide** (277 m), **Aura** (272 m), **Ten York** in Downtown (224 m, 10 York St. [M13]) die **Harbour Plaza Residences** (90 Harbour St., 237 m [M13]) und **ICE East** (York/ Bremner Blvd., 234 m [L13]) an der Waterfront. **One Bloor East** (Yonge/ Bloor St. [M8]) entstand mit 257 m 2017 in Midtown nahe der Universität.

Toronto für Genießer

Die Küche Torontos darf sich schon allein aufgrund der ethnischen Bevölkerungsvielfalt als „Weltküche" bezeichnen. Hier blieb einerseits Authentisches erhalten und andererseits verschmolzen die unterschiedlichsten Einflüsse auf höchst kreative Art. In Stadtvierteln wie Greektown, Little India, Chinatown oder Little Italy findet man landestypische Restaurants, aber auch Sterne-Lokale von weltberühmten Küchenchefs. Eine Spezialität der Stadt sind die Würstchenbu-

Legendäre Hotels und Theater

› *American Hotel: 1840 erbaut und 1889 abgerissen (Front St., östl. Yonge St.), hier übernachtete 1842 Charles Dickens.*
› *King Edward Hotel ㉒: am 11.5.1903 eröffnet und 1980 komplett renoviert.*
› *Maple Leaf Gardens (s. S. 38): Entertainment- und Eishockey-Halle von 1931. 1999 zogen die Leafs aus und machten einem Sportkomplex der Ryerson Uni Platz.*
› *Queen's Hotel: als „Jordan's York Hotel" 1805, mit weniger als zehn Zimmern, aber riesigem Ballsaal erbaut und bis 1830 in Betrieb. Heute steht hier der Bau der Toronto Sun Newspaper (King St./Sherbourne).*
› *Queen's Hotel (vormals: Sword Hotel): im späten 19. Jh. schickstes Hotel in Toronto, mit über 200 Zimmern, Garten und Aussichtsturm, Heißluftheizung und Aufzügen. 1928 abgerissen (Front/Bay St.).*
› *Royal Alexandra Theatre/„Royal Alex" (s. S. 69): viele Auftritte von Broadway- und Holly-*

wood-Stars wie Sarah Bernhardt. 1906/1907 im Beaux-Arts-Stil mit aufwendigen Deckenmalereien, Goldbrokat an den Wänden und Stukkaturen.
› *Royal York Hotel ❿: 1927 von der Canadian Pacific Railroad erbautes, am 11. Juni 1929 eröffnetes und damals größtes Hotel im ganzen British Empire.*
› *Steamboat Hotel: heute Front Street Dominion Grocery Store (Front St. zwischen Church St./ Jarvis St.). 1827 erbaut und nach 1834 als „The City Hotel" besonders bei Politikern und „Gentlemen" beliebt, da es im Umkreis viele Tavernen und Bordelle gab.*
› *Winter Garden Theatre (s. S. 68): 1914 kurz nach dem Loew's Yonge Street Theatre (heute Elgin Theatre) eröffnet. 1920 folgte das Pantages (Ed Mirvish) Theatre. Das Elgin Theatre und das Winter Garden Theatre wurden 1981 restauriert.*

den oder -stände auf den Straßen, die für „polish", „italian" oder „german sausages" in einer Semmel mit allerhand „Auflagen" (Gurken, Zwiebeln, Sauerkraut, Soßen etc.) rund C$ 5 verlangen – schlichte Hotdogs sind preiswerter.

Die meisten besseren Lokale verfügen über eine **Alkohollizenz**, schlichte Imbiss- und ethnische Lokale seltener. Zudem fällt bei Alkohol in Restaurants eine 10%ige **Extrasteuer** an und es wird ein **Trinkgeld** von 15 bis 20 % erwartet. Die **Essenszeiten** in Kanada ähneln den unsrigen. Es ist sinnvoll, zum Dinner bzw. an Wochenenden zu reservieren. Für Selbstversorger gibt es viele Bäcker, Lebensmittel- und Spezialitätengeschäfte (Kensington Market ㊵) sowie Märkte (wie St. Lawrence Market ㉖).

Restauranttipps

Bei der Suche nach bestimmten Lokalen helfen auch die Tipps in den jeweiligen Stadtteilkapiteln vorne im Buch und diese Seiten weiter:
› https://toronto.eater.com
› www.toronto.com/food-drink

Kanadisch-amerikanische Küche

🍴**55** [M12] **Bannock** $$, 401 Bay St., Tel. 416 8616996. Gemütlich-modernes Lokal mit „Canadian Comfort Food" wie *Roast Duck Poutine Pizza*. Kreative Sandwiches und Burgers, Brunch am Wochenende und angegliederter Coffeeshop.

🍴**56** [K12] **Fred's not here** $$, 321 King St. W, Tel. 416 9719155. Bekannt für Angus Beef aus Alberta, d. h. für Steaks. Daneben befindet sich The Red Tomato:

🍴**57** [K12] **The Red Tomato** $-$$, 321 King St. W, Tel. 416 9716626. Drinks, Happy-Hour-Menü u. a. kleine Gerichte.

🍴**58** [M11] **Pickle Barrel Atrium** $-$$, 312 Yonge St., Tel. 416 9776677. Gemütliches Familien(ketten)restaurant mit angenehmen Preisen und kleinen Gerichten wie Sandwiches, BBQ-Ribs, Burger und Salate. Ganztägig Frühstück.

🍴**59** [O12] **The Chef's House** $$-$$$, 215 King St., Tel. 416 4152260, Mo.–Fr. Lunch und Dinner. Schulrestaurant des George Brown College (Culinary Arts) mit günstigen Menüs zum Festpreis.

EXTRATIPP

Themen-Restaurants
☕**60** [K12] **A Game Café**, 240 Queen St. W. Spiele-Café mit vielerlei Spielen aller Art. Dazu gibt es Sandwiches u. a. Snacks.

🍴**61** [K12] **Wayne Gretzky's** $-$$, 99 Blue Jays Way/Mercer (Entertainment District), Tel. 416 9797825. Treff der Eishockeyfans mit Artefakten und Memorabilien aus Gretzkys Sammlung. Legere Atmosphäre (Pizzas, Steaks, Seafood, Ribs u. Ä.), im Sommer mit Dachterrasse.

Gut essen und trinken im Amsterdam BrewHouse (s. S. 72)

Toronto für Genießer

„Weltküche"

62 [R8] **Allen's** $, 143 Danforth Ave., Tel. 416 4633086. Irish Saloon mit gutem Essen, u. a. leckerer Lammkeule in Guinessbier. Patio und Bar sowie Di. und Sa. Celtic Music. Große Bierauswahl und gute Burger.

63 [P13] **El Catrin** $$-$$$, 18 Tank House Ln., Tel. 416 2032121. Neu eröffnet im Distillery District, aber bereits jetzt als eines der besten mexikanischen Lokale der Region gehandelt.

64 [I10] **Kalendar Restaurant & Bistro** $-$$, 546 College St., Tel. 416 9234138. Buntes, umtriebiges Café, ein Favorit der Einheimischen am Rand von Little Italy. Im Angebot sind eklektische Menüs mit Gerichten aus der ganzen Welt, leckerer Wochenend-Brunch. Günstig!

65 [N12] **Le Papillon on Front** $$$, 69 Front St. E/St. Lawrence, Tel. 416 3670303. Französische und Quebécois-Gerichte wie Crêpes, Zwiebelsuppe etc.

66 [P13] **Pure Spirits Oyster House & Grill** $$-$$$, 55 Mill St., Distillery District, Tel. 416 3615859. Ungewöhnliches Design, sehr schick, viel Fisch.

Mediterrane Küche

Weitere Empfehlungen zu mediterraner Küche findet man bei „Toronto Neighbourhoods" (s. S. 44).

67 [M11] **Adega Restaurante** $$, 33 Elm St., Tel. 416 9774338. Portugiesische Küche mit Fisch und Seafood aus aller Welt, auch interessante Pasta- und Risotto-Seafood-Kombinationen, preiswerter Lunch!

68 [I10] **Bar Raval** $-$$, 505 College St., tgl. 8–2 Uhr. Barbetrieb mit spanischen Pintxos bzw. Tapas und vielen Cocktails und Weinen.

69 [K12] **Kit Kat Italian Bar & Grill** $-$$, 297 King St. W, Tel. 416 9774461. Gemütlicher Italiener, relativ günstig, v. a. die Antipasti sind empfehlenswert, dazu eine gute Weinliste.

70 [T8] **Messini Authentic Gyros** $-$$, 445 Danforth/Logan St. Schlichte kleine, griechisch-authentische Taverna mit Gyros in allen Variationen.

71 [M7] **Mistura** $$$, 265 Davenport/Avenue Rd., Tel. 416 515009, nur Dinner, So. geschlossen. Gehobene moderne italienische Küche mit frischen, saisonalen Zutaten, kreativ von Massimo Capra präsentiert. Im Obergeschoss findet sich die Sopra Lounge (www.sopra.ca) mit Bar und Tanzfläche, auch mit Events.

Asiatische und indische Küche

72 [K12] **309 DHABA** $-$$, 309 King St. W, Tel. 416 740622. Relativ preiswertes indisches Lokal mit günstigem Weekend Brunch.

73 [I10] **DaiLo** $$-$$$, 503 College St., Tel. 647 3418882, Di.–So. 17.30–23 Uhr. Kantonesische Küche neu interpretiert, dazu kreative Cocktails.

74 [L14] **Pearl Harbourfront** $$, 207 Queens Quay (Queen's Quay Terminal)/York St., Tel. 2031233. Bekannt für die frisch zubereiteten Dim Sum, dazu ein guter Ausblick auf den See und abends *Chinese Haute Cuisine*.

75 [L12] **Queen Mother Café** $, 208 Queen St. W. Großteils asiatisch geprägte Gerichte und Brunch.

76 [N13] **The Sultan's Tent & Café Moroc** $$-$$$, 49 Front St. E,

---

Restaurantkategorien

Preise pro Person und Hauptgericht:

$ preiswertes Lokal, Gerichte um die C$ 15 und günstiger
$$ durchschnittliches Preisniveau von ca. C$ 20–25
$$$ gehobenes Lokal, deutlich über C$ 30

Tel. 416 9610601, tgl. Dinner, Sa. Brunch und Dinner. Ungewöhnliches Café und Lokal, in dem man sich in den Orient versetzt fühlt. Hier gibt es leckere marokkanische Küche.

Für Vegetarier

- ❶77 [I7] **Annapurna** $, 1085 Bathurst St./Dupont St., Mi./So. geschlossen, sonst 11.30–21 Uhr. Gesunde, empfehlenswerte südindische Gerichte.
- ❶78 [H11] **Cafe 668** $-$$, 885 Dundas St. W, Tel. 416 7030668, So.–Do. 17–21 Uhr, Fr./Sa. bis 22 Uhr. Kleiner Familienbetrieb mit veganer und vegetarischer asiatischer Speisekarte.
- ❶79 [J10] **Hibiscus** $-$$, 238 Augusta Ave. (Kensington M.), Di.–So. 11.30–18 Uhr. Kleines vegetarisches Lokal mit guten Salaten, Suppen, Crêpes und hausgemachten Backwaren.
- ❶80 [I8] **Rawlicious** $, 785 Bathurst St. (Bloor–Bathurst), http://rawlicious.ca/canada/locations/theannex. Hier bleibt die Küche kalt – roh-vegane Salate u. a. zu günstigen Preisen.

> **EXTRATIPP**
>
> **Kulinarisches Toronto**
> Während der kulinarischen Events **Summerlicious** (www.toronto.ca/explore-enjoy/festivals-events/summerlicious) im Juli und **Winterlicious** ab Ende Januar bieten für knapp zwei Wochen viele Lokale Lunch zum Festpreis von C$ 18/23/28 und Dinner zu C$ 28/38/48 an. Auch das **Toronto's Festival of Beer** (http://beerfestival.ca), **Taste of the Danforth** (s. S. 78) oder das **Hot & Spicy Food Festival** – im Harbourfront Centre Anfang Sept. – lohnen (www.harbourfrontcentre.com/festivals).

Cafés, Delis und Imbisse

- ❶81 [I10] **Aunties & Uncles** $, 74 Lippincott St. Gemütlicher Neighbourhood-Diner mit kleinen preiswerten Gerichten, zum Frühstück, Sunday Brunch oder Lunch.
- ❶82 [P13] **Brick Street Bakery** $, 27 Trinity St., tgl. ab 7.30 Uhr, WLAN. Bäckerei im Distillery District mit frischem Gebäck, aber auch Deftigem wie *sausage rolls* oder *cornish pasties*.
- ❶83 [J8] **By the Way Café** $, 400 Bloor St. W., WLAN. Alteingesessenes Lokal, das Frühstück/Brunch, Lunch und Dinner anbietet. Preiswerte und leckere, orientalisch-mediterran angehauchte Gerichte.
- ❶84 [J10] **Caplansky's Deli** $-$$, 356 College St., tgl. mind. 11–21 Uhr. Jüdischer Imbiss mit dicken Sandwiches, Kartoffelpuffern *(latkes)* u. a. Spezialitäten.
- ❶85 [I8] **Green Beanery** $, 565 Bloor St. W. Mischung aus Rösterei und Café, dazu gibt es auch etwas zu essen.
- ❶86 [N12] **Hot House Restaurant & Bar** $$, 35 Church St./Market St., Tel. 416 3667800, WLAN. Essen, Weine, Drinks, außerdem Sonntagsbrunch mit Livejazz.
- ❶87 [P12] **Rooster Coffee House** $, 343 King St. E, WLAN. Gemütliches Café im neuen Anbau des Toronto Sun Building. Ausgezeichneter Kaffee, dazu Gebäck und Kuchen.
- ❶88 [M6] **Rosedale Diner** $$, 1164 Yonge St., WLAN. Seit 1978 in Familienbesitz, hat sich das Lokal auf böhmisch-jüdische Küche spezialisiert. Am Wochenende Brunch.
- ㉖ [N12] **St. Lawrence Market** $, WLAN. Neben den Würsten ist „peameal (Canadian) bacon on a bun" eine Spezialität, z. B. bei der Carousel Bakery.
- ❶89 [J12] **WVRST** $$, 609 King St., WLAN. Bezeichnet sich selbst als „German Beerhall" und serviert über 20 verschiedene Wurstsorten zu guter Bierauswahl. Mittags wie abends ideal für einen Imbiss geeignet.

Toronto am Abend

Essen mit Ausblick

91 [L13] **360 Restaurant** $$$, 301 Front St. W, www.cntower.ca/360_restaurant, Tel. 416 3625411. Rotierendes Turmrestaurant im CN Tower mit regionaler Küche und großer Weinkarte.

› **Amsterdam BrewHouse** (s. S. 72): gemütlicher Pub mit gutem Bier und Blick aufs Wasser

92 [M12] **Canoe Restaurant & Bar** $$$, 66 Wellington St. W (Downtown), Tel. 416 3650054. Mo.–Fr. Lunch und Dinner. Auf dem TD Bank Tower mit Blick auf den Toronto Harbour, interessante Speisekarte mit Karibu- und Bisonspezialitäten, dazu tolle Cocktails.

93 [K13] **Sightlines Restaurant at Rogers Centre** $$$, 1 Blue Jays Way, Tel. 416 3412381. Restaurant mit exzellenter Sicht auf Baseball- und Footballspiele.

94 [L12] **The Fifth Grill** $$$, 225 Richmond St. W, Do.–Sa. 17.30–2 Uhr, Tel. 416 9793005. Terrassenlokal auf dem Dach eines alten Lagerhauses. Fleisch, Fisch und gute Cocktails!

Für den späten Hunger

95 [I12] **Hero Certified Burgers** $, 720 King St. W, http://heroburgers.com. Rund um die Uhr geöffneter Imbiss einer lokalen Biokette. Viele Filialen, u. a. im Village und auf dem Rathausplatz.

96 [G8] **Northwood** $-$$, 815 Bloor St. W, tgl. 12–2 Uhr. Drinks, gute Sandwiches und Dips sowie Wurst- und Käseplatten.

97 [M8] **Sassafraz Restaurant** $$-$$$, 100 Cumberland St., Tel. 416 9642222. Moderne Küche, serviert in heimeligem Ambiente.

98 [J10] **Thirsty & Miserable** $-$$, 197 Baldwin St. Di.–So. bis 2 Uhr geöffnete Kneipe in Kensington Market mit sehr vielen Bieren und einigen Speisen.

Toronto am Abend

Was seine Theaterszene angeht, muss Toronto sich nicht verstecken, denn die Stadt verfügt über eine der größten Theaterdichten. Die meisten Bühnen befinden sich im Entertainment District ❷. *Bereits Anfang des 20. Jh. gab es hier große Vaudeville-Bühnen wie das Elgin/Winter Garden, die Massey Hall, das Royal Alexandra Theatre oder die Roy Thompson Hall. Im Annex werden eher ausgefallene und alternative Stücke gezeigt.*

Auch in Sachen „Clubbing, Pubbing, Rocking & Rolling" hat Toronto ein breites Spektrum zu bieten. Außerhalb New Yorks soll es hier die derzeit angesagteste Livemusik- und Klubszene geben. Immer wieder finden neue Bands auch den Weg nach Europa.

Theater und Bühnen

Berühmte Ensembles der Stadt sind das **Toronto Symphony Orchestra** (www.tso.ca), das in der Royal Thomson Hall auftritt, das **National Ballet of Canada** (https://national.ballet.ca) und die **Canadian Opera Company** (www.coc.ca) – beide im Four Seasons Centre for the Performing Arts zu Hause – sowie der **Toronto Mendelssohn Choir** (www.tmchoir.org). Große internationale Stars der Musikszene treten meist im Air Canada Centre ❸ auf. Das größte Theaterfestival ist Fringe (s. S. 78).

Tickets

90 [L12] **TicketKing**, 284 King St. W, Tel. 416 8721212, www.mirvish.com/ticketking

› **Ticketmaster**, Tel. 416 8708000, www.ticketmaster.ca, u. a. Verkaufsstände in HMV Stores oder im Sony Center (1 Front St. E)

› **TOnight,** http://whatsontonight.ca. Verkauf von ermäßigten Karten für Veranstaltungen am gleichen Tag im Internet.

Theater und Konzerthallen

Torontos Theaterszene ist weltweit hoch angesehen und wurzelt bereits im frühen 20. Jh. Die größten Bühnen in Toronto befinden sich heute im Besitz von Mirvish Productions (www.mirvish.com), genauer von „Honest Ed" Mirvishs Sohn David.

◐**99** [F14] **Budweiser Stage,** 909 Lakeshore Blvd. W, Teil des Ontario Place, www.livenation.com/venues/14878/budweiser-stage, Tel. 416 2605600. 9000 überdachte Plätze, mehrere Sommerfestivals/-konzerte.

◐**100** [M9] **CAA Theatre,** 651 Yonge St., Tel. 416 8721212, www.mirvish.com/theatres/caa-theatre. Mirvish-Theater in einem Neubau von 2008.

◐**101** [N11] **Ed Mirvish Theatre,** 244 Victoria St., Tel. 416 8721212, www.mirvish.com. Große Musicals wie Lloyd Webbers „Phantom of the Opera" oder „Wicked" in ehemaligem Vaudeville-/Film-Theater „Panrages Theatre" der 1920er-Jahre mit 2200 Sitzen.

◐**102** [M11] **Elgin & Winter Garden Theatre Centre,** 189 Yonge St., Tel. 416 3142901, www.heritagetrust.on.ca/ewg, Theatertouren Do. 17, Sa. 11 Uhr (C$ 12). Einziges noch genutztes „Doppeldecker"-Theater weltweit in einem 1913 erbauten Gebäude. Das Elgin Theater (1561 Plätze) befindet sich unten, das Winter Garden (992 Plätze) mit Trompe-l'œil-Malerei oben.

◐**103** [I12] **Factory Theatre,** 125 Bathurst St., Tel. 416 5049971, www.factorytheatre.ca. Alternativ und kreativ in viktorianischer Villa, neue kanadische Stücke im Mainspace (200 Plätze) und im Studio Theatre Café (100 Plätze).

◐**104** [L12] **Four Seasons Centre for Performing Arts,** 145 Queen St. W, Tel. 416 3636671, https://www.coc.ca/plan-your-visit/fourseasonscentre. Opernhaus, Sitz der Canadian Opera Company und des National Ballet of Canada, auch Konzerte während des Toronto Jazz Festival. Zugehörig ist das **Richard Bradshaw Amphitheatre** mit (Gratis-)Konzerten u. a. -veranstaltungen z. B. am Mittag.

◐**105** [L9] **Hart House Theatre,** 7 Hart House Circle, Tel. 416 9788849, http://harthouse.ca/hart-house-theatre. Elegantes Kellertheater von 1919 auf dem Campus der Uni. Dramen und Schauspiele.

◐**106** [N11] **Massey Hall,** 178 Victoria St., Tel. 416 8724255 (Tickets), www.masseyhall.com. 1894 als erste Konzerthalle eröffnet. „Grande Dame" der Music Halls im Art-déco-Dekor mit 2700 Sitzplätzen und guter Akustik, breit angelegtes Konzertprogramm.

◐**107** [L12] **Princess of Wales Theatre,** 300 King St. W, Tel. 416 8721212, www.mirvish.com/theatres/princess-

---

Gastro- und Nightlife-Areale
Bläulich hervorgehobene Bereiche in den Karten kennzeichnen Gebiete mit einem dichten Angebot an Restaurants, Bars, Klubs, Discos etc.

EXTRATIPP

Für Feinschmecker
Auf dem Nathan Phillips Square finden im Sommer mittags, 11–14 Uhr, **Fresh Wednesdays** (Bauernmarkt) und **Tasty Thursdays** (verschiedenene Imbissstände) mit Liveunterhaltung (frei) statt. Infos: www.toronto.ca, „Explore & Enjoy", „Festivals & Events".

of-wales-theatre. Im Entertainment District, 1993 für das Musical „Miss Saigon" erbaut und mit Wandbildern von Frank Stella ausgestattet. Ort der Weltpremiere der Theaterproduktion von „Herr der Ringe".

◯**108** [L12] **Royal Alexandra Theatre,** 260 King St. W, Tel. 416 8721212, www.mirvish.com/theatres/royal-alexandra-theatre. Ältestes kontinuierlich betriebenes, unlängst neu renoviertes Theater in Nordamerika, opulente Beaux-arts-Architektur von 1907. Broadway- und Hollywoodstars treten hier auf.

◯**109** [L12] **Roy Thomson Hall,** 60 Simcoe St., Tel. 416 8724255, www.roythomsonhall.com. 1982 eröffnete Bühne des Toronto Symphony Orchestra und des Toronto Mendelssohn Choir, Gastauftritte großer Orchester und die Toronto International Film Festival Gala.

◯**110** [N10] **Ryerson Theatre,** 44 Gerrard St., Tel. 416 9795118, https://ryersonperformance.ca. Kleines Uni-Theater mit ungewöhnlichem Programm.

◯**111** [N13] **Sony Centre for the Performing Arts,** 1 Front St., www.sonycentre.ca, Tel. 416 3686161. Großes, modernes Entertainment Center.

◯**112** [Q13] **Soulpepper Theatre Company/Young Centre for the Performing Arts,** 55 Mill St., Tel. 416 8668666, www.soulpepper.ca. Innovativ und frech.

◯**113** [N13] **St. Lawrence Centre for the Arts,** 27 Front St. E, Tel. 416 3667723, www.stlc.com. Hier treten auf zwei Bühnen insgesamt fünf Ensembles auf, darunter die innovative Canadian Stage Theatre Company (www.canadianstage.com).

◯**114** [J6] **Tarragon Theatre,** 30 Bridgman Ave., http://tarragontheatre.com, Tel. 416 5311827. Renommierte Dramen-Bühne, z. B. Tennessee Williams oder kanadische Autoren.

◯**115** [L8] **The Royal Conservatory (RCM),** 273 Bloor St. W, www.rcmusic.ca. Musikschule mit Koerner Concert Hall (über 1100 Plätze), Studios, Bibliothek, Radiostation etc.

› **Toronto Centre for the Arts,** 5040 Yonge St., Tel. 416 7339388, www.tocentre.com. Drei Bühnen mit mehr als 1000 Plätze u. a. für Auftritte des Symphony Orchestra, Tafelmusik und Orchestra Toronto.

◯**116** [O12] **Young People's Theatre,** 165 Front St. E, Tel. 416 8622222, www.youngpeoplestheatre.ca. Theater für Kinder und Jugendliche.

Film und Kino

Es gibt mehrere **Filmfestivals:**
› **Toronto International Film Festival** (s. S. 78), in der TIFF Bell Lightbox:

▦**117** [K12] **TIFF Bell Lightbox,** Reitman Sq./350 King St. W, Tel. 416 5998433, http://tiff.net. Fünf Kinos, zwei Galerien, Studios, Shop, Bistro, Restaurant und Lounge, Hauptsitz von TIFF mit Cinematheque und Film Reference Library, Veranstalter mehrerer Filmfestivals. Sa. 13 Uhr Gebäudetouren (gratis).

› Mitte Oktober, fünf Tage lang an verschiedenen Orten: **ReelWorld Film Festival** mit innovativen neuen Filmen (www.reelworld.ca).

› **Hot Docs Canadian International Documentary Festival:** Ende April–Anfang Mai werden elf Tage lang 170 Filme in verschiedenen Kinos gezeigt (www.hotdocs.ca).

Das aktuelle **Kinoprogramm** (auch Freiluftkino) ist sowohl in den Tageszeitungen als auch unter www.toronto.com/?s=movies zu finden.

▦**118** [M11] **Cineplex Cinemas Yonge-Dundas,** 10 Dundas St. E, Tel. 416 9779262, www.cineplex.com. Kinokomplex mit mehreren Leinwänden in zentraler Lage.

Toronto am Abend

> **EXTRAINFO**
>
> Ein ausführlicher **Veranstaltungskalender** findet sich in der Tageszeitung „The Globe and Mail", im „Weekend Review" und außerdem auf folgenden Webpages:
> › www.toronto.com/events-calendar
> › www.scenechanges.com (Besprechungen, Vorschau, wöchentliches Update)
> › https://tapa.ca (Überblick über Theaterszene und Aufführungen, zusammengestellt von der Toronto Theatre Alliance)

119 [N11] **City Cinema**, Yonge-Dundas Sq., www.ydsquare.ca. Im Sommer Di. bei Sonnenuntergang Open-Air-Kino.

120 [K12] **Scotiabank Theatre Toronto**, 259 Richmond St., Tel. 416 3685600. www.cineplex.com, 13 Kinos, Videospiele und IMAX.

Nachtleben

Konzentriert finden sich Nightspots vor allem im **Entertainment District** ㉑ (Yonge Street, Spadina Avenue, Queen Street und Queen's Quay) sowie im **Distillery Historic District** ㉘. Ein weiteres Vergnügungszentrum ist **The Docks Entertainment Complex** im Hafenareal. Auch entlang der **Queen Street West** (v. a. 200er- bis 600er-Nummern) und im **Village** ㉚ (Church St., 400/500er-Block) wie auch in der **College Street** (400er-/500er-Nummern) wird etwas geboten. **The Danforth/Greektown** ㊺, zwischen Broadview und Jones Avenue, ist wegen der vielen griechischen Musiklokale ein beliebter Nightspot, aber auch **The Annex** (Bloor St., 400er-/500er-Block) und **Yorkville** (Cumberland St.) lohnen am Abend einen Besuch.

Discos und Klubs

121 [I8] **Lee's Palace,** 529 Bloor St. W/ Bathurst St., Tel. 416 5321598, www.leespalace.com. Jeden Abend Livebands im Erdgeschoss (v. a. Alternative Rock), oben „The Dance Cave".

122 [O10] **Phoenix Concert Theatre,** 410 Sherbourne St., Tel. 416 3231251, www.thephoenixconcerttheatre.com. Danceclub mit großer Bar und jungem, „upscale" Publikum, Livemusik (v. a. Rock) und DJ-Club-Nights, Sa. Live-Radioübertragung mit DJ auf 102.1 FM, außerdem Livekonzerte.

123 [Q14] **Polson Pier,** 11 Polson St. Mehrteiliger Komplex bestehend aus dem **Rebel Nightclub** (http://rebeltoronto.com) mit Tanzflächen und spektakulärem Sound-/Lightsystem, Drive-in Theatre, Go-Kart-Bahn, Indoor Soccer, Volleyballplätzen sowie der im Sommer angesagten **Cabana Pool Bar** (http://cabanapoolbar.com).

Livemusik

124 [J12] **Cameron House,** 408 Queen St. W, www.thecameron.com, Tel. 416 7030811. Jeden Abend Livekonzerte auf zwei Bühnen (Front/Back Room). Beliebter Treff!

125 [L12] **Crocodile Rock,** 240 Adelaide St. W, http://crocrock.ca, Tel. 416 5999751. Gemütlich mit Themenabenden, DJs und Livekonzerten, unter anderem Classic Rock, 80er und Top 40 und Restaurant.

126 [K12] **Horseshoe Tavern,** 370 Queen St. W/Spadina Ave., Tel. 416 5984226, www.horseshoetavern.com. „The Shoe" ist ein Treff der Einheimischen, mit Front Bar Tavern (ab 14 Uhr) und jeden Abend mehrere Livekonzerten auf der Bühne (R&B, Country, Bluegrass u. a., Eintritt ab C$ 10). Hier sind sogar schon die Rolling Stones aufgetreten!

127 [K12] **Rivoli,** 334 Queen St. W, Tel. 416 5961908, www.rivoli.ca. Klub-

Bar-Restaurant mit Billardtischen und Livemusik (Alternative Rock Bands) in ehemaligem Theater in Downtown. Unterschiedliche Konzerte, Comedy, Kabarett u. a.

⊖128 [F11] **The Drake,** 1150 Queen St. W, www.thedrakehotel.ca, Tel. 416 5315042. Im gleichnamigen Hotel gibt es außer Restaurant, Café und Lounge und „Underground" als Eventbühnen (Rock der neuesten Indie-Bands).

⊖129 [E11] **The Gladstone,** 1214 Queen St. W, www.gladstonehotel.com, Tel. 416 5314635. Vielseitiger Kulturkomplex mit Melody Bar (Karaoke), Art Shows und Ballroom (größere Events), breit gefächertes Kulturprogramm und zugleich Hotel (s. S. 108).

⊖130 [L12] **The Rex Hotel Jazz & Blues Bar,** 194 Queen St. W, Tel. 416 5982475, www.therex.ca. Top-Jazzkneipe im trendigen Queen-West-Viertel. Stars der Jazz- und Bluesszene, gute Atmosphäre, mind. zwei Shows pro Abend (Cover) sowie Noon Brunch Matinees. Auch während des Downtown Jazz Festivals bespielt.

Bars und Pubs

⊖131 [N13] **Biermarkt,** 58 The Esplanade (St. Lawrence), www.thebiermarkt.com. Brasserie, in der 150 Biere aus 30 Ländern ausgeschenkt werden, dazu gutes Essen, Plattenabende, andere Events, Freiplätze.

❶132 [K12] **Black Bull Tavern,** 298 Queen St. W, www.facebook.com/blackbulltoronto, Tel. 416 5932766. Legendäre Kreuzung aus Studenten- und Biker-Bar mit Freiplätzen zum Sehen und Gesehenwerden, am Sa. Live-Entertainment

⊖133 [N12] **C'est What,** 67 Front St. E/ Church, www.cestwhat.com. Tel. 416 8679499. Brew Pub nahe St. Lawrence Market, vielerlei Biere vom Fass, dazu Menü bis spät nachts.

Smoker's Guide

Basierend auf dem Smoke-Free Ontario Act ist das Rauchen an Arbeitsplätzen und allen öffentlichen Orten und Plätzen, auch öffentlichen Spielplätzen, sowie in Restaurants und Bars unter Strafandrohung verboten. Auch auf „Outdoor Patios" von Bars, Klubs und Lokalen darf nicht mehr geraucht werden.

▪138 **Chez Tabac,** 242 Brooke Ave. Hier gibt es nicht nur Tabakwaren, sondern auch eine Raucher-Lounge, die zu den besten in Kanada gehört.

Nur noch wenige Hotels bieten auch Raucherzimmer an (siehe: www.smokers-united.com/smoker-friendly/hotels/index.php?coco=ca&city=64&ln=en).

❶134 [L12] **Cabin Five,** 225 Richmond St. West, www.cabinfive.com, Fr./Sa. 22–2.30 Uhr. Gemütliche Bar im Blockhüttenstil.

❶135 [L8] **Cibo Winebar,** 133 Yorkville Ave., www.cibowinebar.com, So. (Brunch) 11–24, Mo.–Mi. 11.30–24 Uhr, Do.–Sa. 11.30–2 Uhr. Schicke Weinbar mit großer Auswahl, dazu mediterrane Gerichte.

❶136 [G8] **Civil Liberties,** 878 Bloor St. W, www.civillibertiesbar.com, tgl. ab 18 Uhr geöffnet. Ungewöhnliche Bar, in der es keine Karte gibt. Man vertraut darauf, dass der Barkeeper schon den richtigen Cocktail mixt.

⊖137 [L8] **Duke of York,** 39 Prince Arthur Ave., http://dukepubs.ca, Tel. 416 9642441. Großer, gemütlicher Pub. Preiswertes Essen wie Shepherd's Pie, Chicken Curry u. a., „late-night menus". Weitere Filialen.

Toronto für Kauflustige

Toronto gilt als wahres „shopper's paradise" – als Garten Eden für Kauflustige. Denn egal, ob die Sonne glühendheiß auf den Asphalt herunterbrennt, es wie aus Kübeln gießt oder ein winterlicher Schneesturm durch die Stadt fegt – dank des fast 30 km langen unterirdischen Wegesystems PATH kann man von all dem ungehindert durch die Innenstadt bummeln. Zudem locken die einzelnen Viertel mit ganz unterschiedlichen Schwerpunkten: von Nobelboutiquen über ethnische Shops bis zu ausgefallenen, hippen Läden.

Einkaufsregionen

- ❹⓿ [J10] **Kensington Market** ist ein buntes Multikultiviertel, bekannt für „vintage clothing" (Secondhandshops) und schrille (Retro-)Mode, aber auch Kulinarisches.
- ❯ Die **Queen Street** wird von der Yonge Street in zwei unterschiedliche Teile getrennt: Da ist einmal der trendig-verrückte und hippe Westabschnitt – **Queen West** ⓴ – mit eklektischen Shops, Galerien, Boutiquen und Plattenläden. Die Steigerung ist das Künstler-/Intellektuellenviertel ganz im Westen, jenseits der Bathurst St., genannt **West Queen West** ㊸. Im Abschnitt **Queen Street East** befinden sich Dekor-, Wohn- und Möbel-Shops, aber auch Secondhandkleidung wird – konzentriert um die Kreuzung Sherbourne Street – angeboten. Eine neue „Szene" hat sich im **King East Design District** (www.kingeastdesigndistrict.com) zwischen Church St. [N8–12] und Parliament [P9–12] bzw. River Street in Old Town Toronto herausgebildet. Weiter östlich, jenseits des Don River, Richtung Beaches an der Queen

---

- ⊖**139** [K8] **Madison Avenue Pub,** 14 Madison Ave., Tel. 416 9271722, www.madisonavenuepub.com. „The Madison" erstreckt sich über 6 Ebenen und drei viktorianische Häuser, mehrere Bars und Pubs, Sportslounge, Liveunterhaltung an Wochenenden sowie Lokal.
- ❶**140** [U10] **Pinkerton's,** 1026 Gerrard St. Coole Bar im East End mit asiatisch inspiriertem Essen und Cocktails zu günstigen Preisen, zubereitet von wechselnden Gast-Bartendern.
- ❯ **Real Sports Bar & Grill,** 15 York St./Maple Leaf Sq. Größte Sportsbar Kanadas beim Air Canada Centre ❸.
- ❶**141** [J12] **Rush Lane,** 563 Queen St. W, http://rushlaneco.com, tgl. 17–2 Uhr. Kreative Cocktails in einer gemütlichen Bar, dazu auch kleine Gerichte.
- ⊖**142** [J10] **Supermarket,** 268 Augusta Ave. (Kensington Market), www.supermarketto.ca, tägl. außer Mo. bis 2 Uhr geöffnet. Interessante und preiswerte Küche sowie wechselnde Events wie Konzerte (z. B. Indie Rock, Jazz-Festival-Bühne), Ausstellungen, Lesungen u. v. m.

Microbreweries

- ⊖**143** [L14] **Amsterdam BrewHouse,** 245 Queens Quay W, http://amsterdambeer.com. Lokal der Kleinbrauerei, die mehrere Sorten produziert, am beliebtesten sind Natural Blonde, Nut Brown, Framboise und Avalanche. Ausgezeichnete Küche, direkt an der Uferpromenade, mit Laden und Touren (siehe hierzu www.amsterdambeer.com/brewhouse).
- ⊖**144** [Q13] **Mill Street Brewery,** 21 Tank House Lane, http://millstreetbrewery.com. Produziert werden im Distillery Historic District ein beliebtes Bio-Bier (Organic Lager), Tankhouse Ale und Balzac's Coffee Porter sowie saisonale Biere. Mit zugehörigem Pub (preiswertes Essen, Specials, Sonntagsbrunch), Touren und Shop.
- ❯ **Steam Whistle Brewing** (s. S. 15)

Toronto für Kauflustige

St. East [S–X11], schließt sich **Leslieville** (s. S. 50), bekannt für Antiquitäten und Secondhandartikel, an.

15 [M11] **Yonge Street:** Die zentrale Nord-Süd-Achse der Stadt ist besonders von der Bloor Street bis zum Seeufer interessant. Hier wechseln sich Billigläden, Fast-Food-Ketten und Elektronikshops ab. Außerdem steht hier mit dem **Eaton Centre 14** die größte Mall Torontos. Nördlich der Bloor Street werden die Läden feiner.

31 [M8] **Yorkville** mit der Hauptarterie Bloor Street war einst ein alternatives Zentrum der Hippies, ist heute aber todschick und gediegen mit internationalen Mode- und Designershops. Der Abschnitt zwischen Church bzw. Yonge St. und Avenue Rd. heißt „Mink Mile" mit Shops wie Holt Renfrew, Hermes, Tiffany oder Cartier, Harry Rosen oder Roots, dazu kommen renommierte Kunstgalerien und noble Hotels. Das im Westen angrenzende Viertel **The Annex 35** ist wieder „gewöhnlicher" mit CD- und Bookstores, Secondhandläden.

Einzelne Shops

Shopping Center und Kaufhäuser

145 [M11] **Atrium,** 595 Bay St., www.atriumtoronto.com. In Downtown gelegenes Einkaufszentrum mit knapp 50 Läden und Imbissständen sowie Restaurants. Verbunden mit dem Eaton Centre **14**.

146 [M13] **Brookfield Place,** 181 Bay/Front St., www.brookfieldplacenewsandevents.com. Über 50 Shops, Restaurants sowie Food Court, Spa u. a., außerdem Sitz der Hockey Hall of Fame **11**.

147 [M12] **First Canadian Place,** 100 King St. W, http://myfirstcanadianplace.ca. Shops wie Harry Rosen (Herrenbekleidung), dazu Imbiss, Cafés und Lokale.

148 [M8] **Holt Renfrew Centre,** 50 Bloor St. W (Yorkville), www.holtrenfrew.com. 25 Läden unter einem Dach, v. a. Bekleidung, Kosmetik und Accessoires.

149 [M12] **Hudson's Bay,** 176 Yonge St., mit Filiale (44 Bloor St.), www.thebay.com. Größtes Kaufhaus der Stadt mit Haushalts-/Kosmetik-Abteilung, Restaurant und Art Gallery – kanadische Souvenirs und Kunsthandwerk

150 [M8] **Manulife Centre,** 55 Bloor St. W, http://manulifecentre.com. 50 Shops, Lokale u. a. Einrichtungen in Bloor-Yorkville, darunter ein LCBO Liquor Store sowie ein Kinokomplex. Verbunden mit dem Holt Renfrew Centre.

151 [L14] **Queen's Quay Terminal,** 207 Queens Quay W (Harbour). **Derzeit Renovierung und Neugestaltung.**

14 [M11] **Toronto Eaton Centre.** Glasgebäude mit über 230 Shops, z. B. Abercrombie & Fitch, Zara, Banana Republic, Apple Store, Sephora und Sears, Food Court „Urban Eatery".

Outlet Malls (Greater Toronto)

152 Dixie Outlet Mall, 1250 South Service Rd., Mississauga, www.dixieoutletmall.com. Größte überdachte Outlet Mall mit über 100 Läden, u. a. Guess, Nike, Levi's, Footlocker.

153 Pacific Mall, 4300 Steeles Ave. E, www.pacificmalltoronto.ca. Bus 43 ab T-Station „Kennedy" oder 53 ab T-Station „Finch". Die Pacific Mall ist die größte asiatische Mall im Umland und verfügt neben Läden auch über die Pacific Heritage Town mit verschiedenen asiatischen Verkaufs- und Imbissstationen.

154 The Outlet Collection, 300 Taylor Rd., Niagara-on-the-Lake, www.outletcollectionatniagara.com. Neues Outlet-Shopping-Zentrum mit über 100 Geschäften bekannter Marken.

155 Vaughan Mills, 1 Bass Pro Mills Dr., Vaughan (nördl. von Toronto, via Highway 400, freier Bus-Shuttle ab Union Square 10 und 15 Uhr), www.vaughanmills.com.

Shoppingareale
Die wichtigsten Shoppingbereiche der Stadt sind im Kartenmaterial mit einer rötlichen Fläche markiert.

Über 250 Läden, u. a. Tommy Bahama Outlet, Benetton Outlet, GUESS, Levi's u.a. Geschäfte, teils Fabrikverkauf. Restaurants und Live-Entertainment.

🔒**156 Yorkdale Shopping Centre,** 3401 Dufferin St., www.yorkdale.com. Über 200 Shops, u. a. Holt Renfrew, Apple, Ann Taylor, The North Face. Metrolinie Spadina bis „Yorkdale Station".

Mode und Accessoires
🔒**157** [L8] **Club Monaco,** 157 Bloor St. W und andere Filialen in der Stadt. Trendige kanadische Kleidung.

› **Harry Rosen,** im Eaton Centre ⓮ und im First Canadian Place (s. S. 73). 1954 in Toronto gegründeter Herrenausstatter.

🔒**158** [M8] **Over the Rainbow,** 101 Yorkville Ave. Bekannt für die Jeans, aber auch Hemden, Shirts und Schmuck.

🔒**159** [M8] **Roots,** 80 Bloor St. W und auch in mehreren Malls (Brookfield Place, Vaughan Mills, Yorkdale Shopping Centre). Kanadisches Designerlabel, v. a. Accessoires wie Ledertaschen, auch Kleidung, Yoga-Zubehör und -Kurse.

🔒**160 Want Boutique,** 1788 Avenue Rd. Angesagte Stücke von über 70 Designern.

Bücher und Musik
Die größte Buchhandelskette Kanadas ist in Toronto zahlreich vertreten: **Indigo Books & Music** (z.B. 55 Bloor St. W, Eaton Centre u.a.) mit großer Auswahl an Büchern, Magazinen und CDs. Auch Internetversand: www.chapters.indigo.ca.

🔒**161** [J8] **BMV Books,** 471 Bloor St. (Hauptladen) sowie 10 Edward St./ Yonge St. (v. a. Billigbücher) und 2289 Yonge St.

🔒**162 Book City,** 2354 Bloor St. W. Auch So. u. meist bis 22 Uhr geöffnet; größter unabhängiger Buchladen der Stadt mit weiteren Filialen.

🔒**163** [W8] **Circus Books & Music,** 866 Danforth Ave. Kleiner Laden mit toller Auswahl an gebrauchten Büchern, CDs und Schallplatten.

LCBO – staatliches Alkoholmonopol

*Da Supermärkte und andere Shops in Ontario keinen Alkohol verkaufen dürfen, liegt das Alkoholmonopol bei der staatlichen Behörde **LCBO** (Liquor Control Board of Ontario). Sie betreibt eine große Zahl an Läden, mit jeweils riesiger Auswahl an **Bier**, **Wein** und **Spirituosen**, abends meist länger als andere Shops und auch sonntags geöffnet. Übrigens: Ab Volljährigkeit mit 19 Jahren ist in Ontario der Konsum von Alkohol erlaubt (Ausweiskontrolle).*

› *LCBO Stores (www.lcbo.com) in Toronto: 595 Bay St. (Atrium), 55 Bloor St. W (Manulife Centre), 20 Bloor St. E (Hudson Bay Centre), 547 Yonge St. (Yonge-Wellesley), 337 Spadina Ave. (Spadina-Dundas) oder Summerhill (10 Scrivener Sq.) u. a.*

› *Saisonale, frische Ware wird auf dem St. Lawrence Market ㉖ verkauf*

Toronto für Kauflustige

▪ **164** [L12] **Kops Records,** 229 Queen St. W., https://kopsrecords.ca. CDs, aber auch T-Shirts, LPs und Sammlerstücke.
▪ **165** [G11] **Rotate This,** 186 Ossington Ave., www.rotate.com. Mekka für Schallplattenfans, auch gebrauchte Platten, breite CD-Auswahl.
▪ **166** [H10] **Soundscapes,** 572 College St., www.soundscapesmusic.com. Großer Musikladen, der tgl. von 10 bis 21 Uhr geöffnet ist. Hier gibt es auch Konzerttickets zu kaufen.
▪ **167** [H12] **Type Books (1),** 883 Queen St. W. Kleiner, unabhängiger Buchladen mit Veranstaltungen. Filiale:
▪ **168** [K4] **Type Books (2),** 427 Spadina Rd.
▪ **169** [F8] **Zoinks Music & Books,** 1019 Bloor St. W., http://zoinks.ca/blog. Etwas für Leseratten und LP-Freunde, große Auswahl an Schallplatten und neuen sowie gebrauchten Büchern.

Lebensmittel und Kulinarisches

▪ **170** [S8] **Big Carrot Natural Food Market,** 348 Danforth Ave., https://thebigcarrot.ca. 1983 als Coop gegründet und bis heute im Besitz der Angestellten. Lokale Bio-Lebensmittel, außerdem Kochkurse, Organic Juice Bar und Body Care.
▪ **171** [K12] **Fresh & Wild,** 69 Spadina/King St. Bio-Supermarkt mit großer Auswahl, gegenüber befindet sich eine Filiale von LCBO.
▪ **172** [N10] **Loblaws,** 60 Carlton St. (Maple Leaf Garden). Äußerst gut sortierter Supermarkt mit Bäckerei, Konditorei, großer Käseabteilung und vielem mehr.
▪ **173** [J8] **Metro,** 425 Bloor St. W. Supermarktkette mit großer Abteilung für Frischprodukte und zahlreichen Filialen im Stadtgebiet.
㉖ [N12] **St. Lawrence Market.** Vereint über 50 Verkaufsstände in einer Halle, außerdem gibts samstags einen Farmers' Market bzw. sonntags einen Flohmarkt im North Market Building.
▪ **174** [K11] **Ten Ren Tea Company,** 454 Dundas St. W. Tees und Zubehör zum Kaufen und Probieren.
▪ **175** [L8] **Whole Foods Market,** Hazelton Shopping Centre, 87 Avenue Rd. Bio-Supermarkt.

Sport

› **Jays Shop,** 220 Yonge St. (im Eaton Centre ⑭). Souvenirladen der beliebten Baseballmannschaft. Weitere Filiale im Rogers Centre (SkyDome ②).
▪ **176** [L13] **Nicholby's Sports & Souvenirs,** 123 Front St. W, im Citicorp Building. Außer kanadischen Souve-

nirs auch Sportsouvenirs zu günstigen Preisen.
- 🔒**177** [M13] **Real Sports,** Air Canada Centre, Galleria Entrance (Gate 1), 40 Bay St. Alles für Fans der Maple Leafs, Raptors und des Fußballteams Toronto FC.
- 🔒**178** [M13] **Spirit of Hockey Shop,** in der Hockey Hall of Fame, 30 Yonge St. Souvenirs über Souvenirs, Trikots und alles, was der Eishockeyfan braucht.

Kunst, Souvenirs und Canadiana
- 🔒**179** [L14] **Craft & Design,** 235 Queens Quay W (Harbourfront Centre), Mo.-Sa. 10-20, So. 10-18 Uhr. Schönes Kunsthandwerk und Accessoires von lokalen Künstlern, die hier ihre Werkstätten bzw. Ausstellungsflächen betreiben.
- 🔒**180** [F12] **Drake General Store,** 1151 Queen St. W. Mischung aus Souvenirshop (ausgefallene „Canadiana"), Café, Boutique und Barbershop; mehrere Filialen, u. a. in Hudson's Bay (s. S. 73) oder in Union Station Skywalk ❾ sowie 100 King St. W.
- 🔒**181** [K12] **MEC/Mountain Equipment Co-op,** 400 King St. W. Outdoor-Laden mit riesigem Angebot zu günstigen Preisen, um einkaufen zu dürfen, muss man Co-op-Mitglied werden (C$ 5).
- 🔒**182** **Tilley Flagship Store,** 900 Don Mills Rd. (nahe ON Science Centre). Hauptladen des legendären Hutmachers, dessen Schlapphüte weltweit gefragt sind (s. S. 88).

Antiquitäten
- ❯ **Dr. Flea's,** 8 Westmore Dr., Hwy. 27/ Albion Rd., West Toronto (nahe Flughafen), www.drfleas.com. Zweitgrößter überdachter Flohmarkt Kanadas mit über 400 Ständen im Freien, zugleich Wochenmarkt, Sa./So. 10-17 Uhr.
- 🔒**183** [N12] **Sunday Antique Market** im St. Lawrence Market ㉖, 92 Front St. E/Jarvis St., So. Sonnenaufgang bis 17 Uhr.

Toronto zum Erholen und Entspannen

Toronto ist umtriebig, auf- und anregend und man fährt nicht hierher, um sich zu erholen. Dennoch gibt es in einige Plätze und Orte, die sich zu einem Päuschen anbieten.

Hierzu gehören v. a. die **Beaches** ㊼ im Osten der Stadt, die zum Sonnen- oder Seebad einladen. Zum anderen befinden sich einige Kilometer östlich der Beaches die **Scarborough Bluffs,** eine Sandsteinformation, die teilweise in den See hineinreicht. Hier liegt auch der Bluffer's Park Beach.

Ideal zum Erholen sind die **Toronto Islands** ❽ mit Stränden wie Hanlan's Point, Centre Island und Ward's Island Beach sowie Trails und Grünanlagen.

Die **Central Waterfront** ❹ ist zum beliebten Naherholungsgebiet mit Grün, Bänken zum Ausruhen, Konzerten u. a. Freizeitangeboten geworden. Auch der neue **Bentway** unter dem Gardiner Expressway am Fort York ❺ entwickelt sich zusammen mit dem Mouth of the Creek Park zur attraktiven Freizeitoase.

Südlich von Bloor Street und ROM erstreckt sich der weitläufige **Queen's Park** mit dem Campus der **University of Toronto** ㊴ und nördlich vom Zentrum liegt der **Ernest Thompson Seton Park** (s. S. 48), ein grünes Idyll nahe dem Ontario Science Centre ㊹

> **EXTRAINFO**
> Informationen zu **Veranstaltungen** in Toronto erhält man u. a. auf folgenden Webseites:
> - ❯ www.toronto.ca/explore-enjoy/festivals-events
> - ❯ www.blogto.com/events
> - ❯ www.torontowide.com

Zur richtigen Zeit am richtigen Ort

In Toronto finden ganzjährig die verschiedensten Feste und Veranstaltungen statt, die wichtigsten sind hier gelistet, weitere finden sich auch an passender Stelle im weiteren Text, z. B. auf S. 45, S. 66 oder S. 37.

Frühjahr

> **Next Stage Theatre Festival**, Anfang Januar treten 12 Tage lang die besten unabhängigen Theaterkünstler aus Kanada auf (http://fringetoronto.com/festivals/next-stage).

> **hotDOCS Canadian International Documentary Festival:** Ende April/Anfang Mai findet Nordamerikas größtes Dokufestival statt, auf dem über 150 Filme aus aller Welt gezeigt werden (www.hotdocs.ca).

> Anfang Mai treten anlässlich der **Canadian Music Week** (CMW) sieben Nächte lang 1000 Künstler aus aller Welt auf 60 Bühnen in Klubs, Discos und Bars auf. Dazu gibt es eine Konferenz, eine Messe, ein Comedy- und ein Filmfestival (http://cmw.net).

> **Victoria Day Long Weekend:** Der Montag vor dem 24. Mai gilt nicht nur als Feiertag zu Ehren der britischen Königin, sondern auch als Beginn des Sommers bzw. der Hochsaison. Einschließlich dem vorhergehenden Wochenende wird dieses Ereignis mit großem Feuerwerk gefeiert. Aktuelle Infos: www.blogto.com.

Sommer

> **NXNE (North by Northeast) Music & Film Festival:** Mitte Juni unterhalten in verschiedenen Bars und auf Bühnen (teilweise *open air*) zehn Tage lang 950 Bands und 30 Filme die Zuschauer (www.nxne.com).

> **Luminato Festival:** 12-tägiges Fest im Juni, bei dem nationale und internationale Künstler auf den Straßen Tanz- und Musikvorführungen, Filme, Kunst und Design präsentieren oder Theater spielen. Teils kostenpflichtig (Tickets bei T.O. TIX oder über www.ticketmaster.ca), großteils gratis (http://luminatofestival.com).

> **Pride Month:** Veranstaltungsprogramm im Juni, Höhepunkt ist das Pride Weekend Ende des Monats mit großer Parade. Nicht nur in der LGBT-Szene beliebt, seit 1981 Besuchermagnet (www.prideto ronto.com).

> **Tastemaker Toronto**, Gourmetmesse im Juni auf dem Gelände der Fort York NHS (www.thetastemakertour.com).

> Beim **TD Toronto Downtown Jazz Festival** gibt es Ende Juni zehn Tage lang Jazz an verschiedenen Orten und Bühnen (http://torontojazz.com).

EXTRATIPP

Gratiskonzerte im Sommer!

> An Sommerwochenenden finden im Harbourfront Centre (s. S. 19) **zahlreiche (ethnische) Festivals** mit Konzerten, Tanz, Imbissbuden, Kunst/Kunsthandwerk und Filmen statt, größtenteils kostenlos (www.harbourfront centre.com).

> Auf der Budweiser Stage (s. S. 68, Ontario Place) gibt es **Sommerkonzerte/-festivals,** z. B. das Caribean Carnival, (www.livenation.com/venues/14878/budweiser-stage).

> Auf dem **Mel Lastman Square** (5100 Yonge St., Subway North York Centre) ist den ganzen Sommer etwas los, z. B. sonntags bei den Sunday Serenades (Anf. Juli–Mitte Aug. 19.30–21 Uhr).

> Ebenfalls gratis sind die Mittagskonzerte am „**Fresh Wednesday**" (Juli/Aug.), die zusammen mit dem Farmers' Market auf dem Nathan Phillips Sq. [M11] stattfinden.

- Das **Toronto Fringe Festival** bietet Anfang Juli 12 Tage lang Theater unter weltweiter Beteiligung: gut 130 Aufführungen auf über 25 Bühnen zu günstigem Eintritt (http://fringetoronto.com).
- **102.1 The Edge:** Anfang Juli bis Mitte September veranstaltet der Rock-Radiosender 102.1 The Edge regelmäßig Rockkonzerte, teilweise gratis (www.edge.ca/concerts).
- Beim **Toronto Caribbean Carnival** (vier Wochen im Juli/Anf. Aug.) glaubt man sich mitten in der Karibik. Über eine Million Besucher genießen exotisches Essen und Musik sowie die Parade entlang dem Lake Shore Blvd. (https://carnival.to).
- Das zweite Top-Jazzfest in Toronto ist das **Beaches International Jazz Festival** im Juli. Gut drei Wochen lang treten über 100 Bands im Woodbine Park, in der Queen St. East (Streetfest), im Kew Gardens Park und am Beach Boardwalk gratis auf (www.beachesjazz.com).
- **Taste of the Danforth:** Anfang/Mitte August lassen über 50 griechische (und andere) Restaurants ein Wochenende lang etwa 1,65 Mio. (!) Besucher ihre kulinarischen Spezialitäten probieren; dazu Livekonzerte auf zwei Bühnen (http://tasteofthedanforth.com).

Herbst

- **Canadian National Exhibition** (CNE): Mitte Aug. bis Anfang Sept. findet im Exhibition Place eine der größten Verkaufsmessen Nordamerikas statt, mit Jahrmarkt, Shows und Feuerwerk (http://theex.com).
- **Toronto International Film Festival:** Anfang/Mitte September werden die besten Filme des Jahres u. a. in der TIFF Bell Lightbox (Reitman Sq., 350 King St.) präsentiert (www.tiff.net/tiff).
- **Nuit Blanche:** Am letzten Samstag im Sept. findet die lange Nacht der Kulturszene statt (http://nuitblancheto.ca).

Winter

- Vorweihnachtszeit: Eingeleitet durch die Mitte November stattfindende traditionsreiche **Santa Claus Parade** durch die Innenstadt (http://thesantaclausparade.ca), wird die ganze Stadt bei der **Cavalcade of Lights** beleuchtet, daneben findet von Ende November bis Weihnachten der **Toronto Christmas Market** (www.torontochristmasmarket.com) im Distillery Historic District ㉘ statt.
- **Toronto WinterCity Festival:** Ende Jan./Anfang Feb. gibt es verteilt über die Stadt zwei Wochen lang Events. Zu den Highlights gehört **Winterlicious**, ein kulinarisches Festival mit Führungen im St. Lawrence Market, Kochdemonstrationen und Prix-Fix-Menüs in über 150 Lokalen (www.toronto.com/events/winterlicious).
- **Niagara Wine Festival:** Im Januar laden für rund zwei Wochen Weingüter zum Feiern und Verkosten ein (www.niagarawinefestival.com).

Kanadische Feiertage
- **New Year's Day** (1. Januar)
- **Good Friday** (Karfreitag)
- **Easter Sunday/Easter Monday** (Ostersonntag/Ostermontag)
- **Victoria Day** (Montag vor dem 25. Mai – Beginn der Ferienzeit/HS)
- **Canada Day** (1. Juli – Nationalfeiertag mit Feuerwerk und Konzerten)
- **Simcoe Day** (1. Montag im August – nur in Ontario)
- **Labour Day** (1. Montag im September – Tag der Arbeit/Ende der Ferienzeit/Beginn der NS)
- **Thanksgiving Day** (2. Montag im Oktober – Erntedankfest)
- **Remembrance Day** (11. November – Volkstrauertag)
- **Christmas Day** (25. Dezember)
- **Boxing Day** (26. Dezember)

Wie New York ist Toronto eine Weltstadt, in die Menschen von überall her geströmt sind, um sich niederzulassen. Das gibt der Stadt ihr besonderes Flair, das vor allem in den Neighbourhoods, den ethnischen Vierteln rund um die Innenstadt, zu spüren ist. Oberflächlich betrachtet, wirkt Toronto wie eine beliebige nordamerikanische Metropole mit beeindruckender Skyline, doch hinter der modernen Fassade ist Toronto typisch kanadisch geblieben.

> **EXTRAINFO**
>
> **Die Stadt in Zahlen**
> › Gegründet: 1793
> › Einwohner: ca. 2,8 Mio.
>   (Großraum: 6,6 Mio.)
> › Einwohner/km²: 4487
> › Fläche: 630 km²
> › Höhe ü.M.: 76 m

Das Antlitz der Metropole

Was einem von Toronto in Erinnerung bleibt, ist zum einen die grandiose Wolkenkratzerkulisse mit CN Tower, SkyDome/Rogers Centre und anderen Hochhausbauten, die sich im tiefblauen Lake Ontario spiegeln. Zum anderen aber auch der spezifische Charakter der Stadt, sein multikulturelles, tolerantes Gepräge, das an San Francisco wie an New York, an Chicago oder Seattle erinnert.

Toronto, gern „T.O." (Toronto, Ontario) abgekürzt, und seine Umgebung, die GTA (die „Greater Toronto Area"), bilden die siebtgrößte *metropolitan area* Nordamerikas. Sie ist Teil eines dicht besiedelten Abschnitts im zentralen und südlichen Ontario, der als „Golden Horseshoe" bekannt ist und in dem über acht Millionen Menschen leben. In diesem Abschnitt am westlichen Ufer des Lake Ontario sind rund ein Viertel aller Kanadier zu Hause. In der GTA sind es nach dem letzten Zensus etwa 6,6 Millionen Menschen (in ganz Ontario ca. 14,5 Millionen) und die Stadt Toronto allein verzeichnet rund 2,8 Millionen. Damit ist Toronto die größte Stadt Kanadas und die viertgrößte Stadt Nordamerikas.

Multikulturelle „Stadt der Menschen"

Lange durch ihre ursprüngliche angelsächsische Bevölkerung geprägt, hat sich der Charakter der Stadt durch den Zuzug von Menschen aus aller Welt im letzten halben Jahrhundert enorm verändert. Inzwischen sind etwa 51 % der Einwohner nicht-angelsächsischer Herkunft. Während unter der weißen Bevölkerung britische Wurzeln am häufigsten sind, verteilen sich die sonstigen Ethnien wie folgt: Chinesen (11 %), Zuwanderer aus Südasien (13 %), Afroamerikaner (9 %), Filipinos (6 %) und Latinos (3 %). Noch interessanter ist, dass die Hälfte aller Torontonians außerhalb Kanadas geboren wurde und derzeit Menschen aus etwa 170 Ländern in der Stadt leben. Englisch ist zwar die dominante Sprache, doch man hört darüber hinaus zahlreiche andere. Toronto gilt deshalb als eine der ethnisch vielseitigsten Städte der Welt.

Wenn es eine **multikulturelle Stadt** neben New York gibt, dann ist es Toronto. Bei so vielen verschiedenen Volksgruppen ist es nicht immer leicht,

◁ *Vorseite: Bummel durch die verschiedenen Neighbourhoods*

Politik zu machen. Umso wichtiger ist die Rolle der Bürgermeister, die direkt vom Volk gewählt werden. Sehr beliebt war David Miller, der von 2003 an für zwei Wahlperioden an der Spitze stand. Mit seiner Person verbinden viele Torontonians die **Renaissance** der Stadt, den Wandel zu einer lebenswerten und grünen Metropole, Renovierungsprojekte, eine umgestaltete Harbourfront und den Ausbau des Nahverkehrs. 2010–2014 fungierte der umstrittene Rob Ford als Bürgermeister, er musste jedoch wegen Drogendelikten zurücktreten und starb 2016 an Krebs. Ihm folgte als 65. Bürgermeister der Stadt **John Tory** von der Ontario PC Party nach. Die nächsten Wahlen stehen im Oktober 2018 an.

Miller hatte es die Stadt zu verdanken, dass sie zu einer quirligen, sauberen Metropole geworden ist, in der „Multikulti" keine bloße Floskel ist. Buntes ethnisches Nebeneinander ist hier gelebter Alltag, wobei – wie in New York – dennoch nicht von „Schmelztiegel" die Rede sein kann. Jeder ist stolz auf seine eigene Herkunft und lebt seine spezifischen Besonderheiten aus. Und doch gibt es ein Bindeglied: die Liebe zu Toronto und zu Kanada. Es existieren unter anderem fünf Chinatowns, zwei Little Italys, Little Poland und Little Portugal, Little India und Greektown, dazu schicke und alternative Schwulen- und Studentenviertel.

Die Vielfalt äußert sich auch in einer blühenden **Kulturszene** mit über 40 Theatern und Bühnen, renommierten Museen und Kunstgalerien sowie einer aktiven Musikszene. Toronto ist ein Sportmekka und gilt als „Hollywood North" – als drittwichtigste Filmstadt nach Hollywood und New York. Dass es eine umweltfreundliche, grüne Stadt ist, zeigt sich am Beispiel der Evergreen Brick Works (s. S. 49).

Von den Anfängen bis zur Gegenwart

Auslöser für die Stadtgründung Torontos war die Neuordnung der kanadischen Kolonien durch die britische Krone im Jahr 1791. Diese Maßnahme war nach der Ablösung der 13 Kolonien, die sich als USA unabhängig erklärt und auch militärisch im Unabhängigkeitskrieg behauptet hatten, notwendig geworden. 1793 begannen britische Soldaten und Siedler in den Wäldern am Lake Ontario einen Militärposten und eine neue Provinzhauptstadt namens „York" aufzubauen.

◸ *„Umarme den Baum" – Multikulti und viel Kreativität in Toronto*

Schon lange vorher hatte der Ort am See den Indianern – in Kanada „First Peoples" genannt – als Treffpunkt und Handelsplatz gedient. Auch der Name „Toronto" leitet sich von einem indianischen Wort ab: Die Huron-Indianer verstanden darunter „Treffpunkt", die Mohawk bezeichneten so die den zentralen Platz markierenden Pfosten am Seeufer. Das Gelände hatte ein britischer Verwalter schließlich 1787 im sogenannten **Toronto Purchase** von den hier lebenden **Mississauga-Indianern** erworben.

Die Unabhängigkeitserklärung der dreizehn Kolonien am fernen Atlantik sollte auch auf die Region am Lake Ontario Auswirkungen haben, da viele Königstreue in den nördlichen Besitzungen der britischen Krone Zuflucht suchten. So kam es im Jahr 1791 zu einer **Neuordnung der verbliebenen britischen Kolonien:** Lower Canada umfasste das Kernland des einstigen Neufrankreich und heutigen Québec, hinzu kamen die neu geschaffenen Verwaltungseinheiten Upper Canada (heute Ontario), New Brunswick, Nova Scotia und Newfoundland. Und dann war da noch „Rupert's Land", die noch kaum erforschten Weiten des Nordens und Westens Kanadas mit nur wenigen Handelsposten.

In **Upper Canada** sollte Gouverneur James Graves Simcoe, ein hoch dekorierter britischer Offizier, eine neue Hauptstadt aus dem Boden stampfen. Er wählte den Landstrich, den man schon Jahre vorher den Mississauga abgekauft hatte, und ließ dort ab 1796 Fort York und östlich davon die kleine Hauptstadt York errichten. Damit ehrte man Frederick, den Duke of York und Sohn des damaligen Königs George III.

Dann erschütterte ein neuer Konflikt mit dem südlichen Nachbarn die junge Kommune: Im **War of 1812**, in dem sich die USA und die britische Krone um die kanadischen Besitzungen stritten, geriet York unter Beschuss. Das Fort und die Stadt wurden 1813 von US-Truppen besetzt und teilweise zerstört. Dank der Hilfe indianischer Völker, die die Expansion der USA mit Missfallen beobachteten, konnten sich die Kanadier gegen den Druck der südlichen Nachbarn behaupten. Angeführt wurden die Indianer vom legendären **Tecumseh**, der deshalb bis heute in Kanada als Nationalheld verehrt wird. Beim Friedensschluss 1814 war deshalb ein unabhängiger Indianerstaat südlich der Great Lakes geplant – eine Idee, die bei den Verhandlungen schließlich fallen gelassen wurde.

Als York 1834 zur Stadt erklärt wurde, nannte man sich von nun an „Toronto" und wählte **William Lyon Mackenzie** zum ersten Bürgermeister. Er war es, der 1837 eine Revolte gegen die britische Verwaltung anführte, um für mehr Rechte zu kämpfen. Der Aufstand scheiterte und Mackenzie floh in die USA, kehrte aber 1849 nach einer Amnestie zurück.

Unterdessen wuchs Toronto langsam zum neuen Zentrum der Provinz Ontario heran und entwickelte sich zum **„Tor in den Westen"**. Auch das große Feuer von 1849, das große Teile der Stadt zerstörte, konnte den Boom nur kurzfristig bremsen. Die Stadt wurde danach in Stein wieder aufgebaut und schon um 1900 verzeichnete man rund eine Viertelmillion Einwohner. Der Uferbereich wurde aufgeschüttet und das alte Zentrum um St. Lawrence Market und Cathedral St. James vom Geschäftszentrum um die neue City Hall abgelöst. Eine Rolle bei der Stadtentwicklung spielte auch die Eisenbahn: Sie machte Toronto zum Knotenpunkt zwischen Ost und West und ließ die Stadt als **Handels- und Industriezentrum** aufblühen.

Mit dem Bau des neuen Rathauses 1964/1965 und dem Bau des Toronto-Dominion Centre (1964–1999) durch Mies van der Rohe begann das Zeitalter des modernen Toronto. Ein wichtiger Entwicklungsfaktor in dieser Phase war zudem das **Separationsstreben der Provinz Québec** in den späten 1970er-Jahren. Viele angelsächsische Banken, namhafte Versicherungen und andere Unternehmen, die vormals in Montréal zu Hause gewesen waren, zogen nun nach Toronto und machten die Bay Street zum neuen **Finanzzentrum Kanadas**. Höhepunkte des Wandels waren die Eröffnungen des CN Towers im Jahr 1976 und des SkyDome 1989.

Gleichzeitig mauserte sich die Stadt zum kanadischen Ebenbild von San Francisco: Eine alternative Szene machte sich in heruntergekommenen Vierteln breit und leitete deren Revival mit ein, die **Musikszene** wurde dank Künstlern wie Joni Mitchell, Leonard Cohen oder Neil Young weltberühmt, **Autoren** wie Margaret Atwood sorgten für literarisches Ansehen und im Village entstand eines der größten **Homosexuellenviertel** der Welt.

Der Boom hatte allerdings auch seine **Schattenseiten**: Viele der historischen Strukturen wurden zerstört, hässliche Bauten schnell hochgezogen, Autobahnen mitten durch die Stadt gebaut. Die Unzufriedenheit wuchs und dann kam der Ausbruch der **SARS-Seuche** 2003, die wegen des großen asiatischen Bevölkerungsanteils Toronto besonders hart traf. Nach David Miller, der 2003 mit liberalen und grünen Ideen Wahlkampf gemacht hatte, war bis Oktober 2014 Rob Ford Bürgermeister, abgelöst wurde er von John Tory, einem eingefleischten Torontonian, dem das Wohl seiner Geburtstadt besonders am Herzen liegt. Die Wirtschaft boomt, neue Projekte wie „Under the Gardiner" werden umgesetzt und Neubauten, v.a. teure Apartments, schießen derzeit im Zentrum wie Pilze aus dem Boden.

John A. Macdonald war Kanadas erster Premierminister

Historisches auf einen Blick

1615 Ein Europäer – der Franzose Etienne Brulé – erwähnt erstmals den indianischen Treffpunkt „Toronto".

1776–83 Der Unabhängigkeitskrieg bedeutet das Ende des britischen Kolonialreichs in Nordamerika. In Ontario siedeln britische Einwanderer und Königstreue aus den USA und Irokesen, die wegen ihrer Loyalität zur Krone vertrieben wurden.

1791 Neuordnung der britischen Restbesitzungen in Nordamerika.

1793 York wird nach europäischem Muster neue Hauptstadt von Upper Canada.

War of 1812 Der militärische Versuch der USA, die britischen Besitzungen in Nordamerika zum Anschluss zu bewegen, führt am Ende zur Einigung und Festlegung der Einflussgebiete. Fort York und York werden von US-Truppen zerstört.

1834 York wird zu „Toronto".

1844 Mit bisher 20.000 Einwohnern löst der Eisenbahnbau in den 1850er-Jahren einen weiteren Boom in Toronto aus.

7. April 1849 Ein verheerendes Feuer hat zur Folge, dass eine neue, moderne und repräsentative Stadt aus Stein – „Paris on the Lake" – entsteht.

1. Juli 1867 Mit dem British North America Act wird das Dominion of Canada ins Leben gerufen.

1873 Nach dem Anschluss der westlichen Provinzen gilt von nun an „A mari usque ad mare" – von Meer zu Meer.

1873 Die North-West Mounted Police – die legendären Mounties – wird als Ordnungskraft in Kanada gegründet.

Herbst 1876 Ernennung Ottawas zur Hauptstadt des Dominion of Canada, Toronto wird Verwaltungssitz von Ontario.

7. November 1885 Die erste Eisenbahn der Canadian Pacific Railway erreicht das über 4500 km im Westen gelegene Vancouver, Toronto wird zum Eisenbahnknoten zwischen Ost und West.

1931 Das Statut von Westminster verleiht Kanada die völlige Autonomie.

12. November 1931 Die legendäre Sportarena Maple Leaf Gardens wird mit einem Spiel zwischen den Maple Leafs und den Chicago Blackhawks (1 : 2) eröffnet. Die Leafs spielen bis 1999 in dieser Halle und gewinnen zwischen 1932 und 1967 elfmal den Stanley Cup.

1959 Mit der Fertigstellung des St.-Lorenz-Kanals entwickelt sich der Hafen Torontos zu einem der wichtigsten Kanadas.

1962 Der erst 1971 komplett fertiggestellte Trans-Canada Highway, der von St. John's (Newfoundland) bis Victoria (Vancouver Island/BC) mit über 7821 km das ganze Land durchquert, wird eröffnet.

1982 Der Constitution Act vollendet die Selbstständigkeit durch die Ratifizierung einer eigenen Verfassung.

1964 Der Bau der New City Hall (1964/65) und der des Toronto-Dominion Centre (1964–69) markieren den Aufstieg des modernen Toronto. 1976 folgt der CN Tower und 1986 der SkyDome.

2003 Die SARS-Epidemie erschüttert die Stadt. David Miller wird zum neuen Bürgermeister gewählt.

Juni 2007 und **November 2008** öffnen Museumsanbauten am Royal Ontario Museum (ROM) und der Art Gallery of Ontario (AGO) ihre Pforten.

2010 Der parteiunabhängige Robert Ford wird zum 64. Bürgermeister Torontos gewählt. Er muss 2014 zurücktreten und John Tory wird sein Nachfolger.

2015 Toronto ist Austragungsort der 17. Pan American Games, seit 1951 Amerikas Version der „Olympischen Spiele".

2017 Toronto feiert mit verschiedenen Veranstaltungen „150 Canada", den 150. Geburtstag des Landes. Der FC Toronto wird erstmals Meister der MLS (Fußball).

2018 soll das Revitalisierungsprojekt The Bentway/Trillion Park (s. S. 21) fertiggestellt werden.

Leben in der Stadt

Toronto ist nicht nur Kanadas größte Stadt, sondern auch die Hauptstadt der südlichsten Provinz Ontario, die mit ihren 1.068.580 km² dreimal so groß ist wie Deutschland. Ontario ist zweitgrößte der zehn kanadischen Provinzen, die zusammen mit drei sogenannten Territorien den kanadischen Staat in seiner Gesamtheit ausmachen.

Auf einer Fläche von rund 630 km² breitet sich das moderne Toronto heute aus und zieht sich auf etwa 46 km Länge am Nordwestufer des Lake Ontario entlang. Es ist diese Lage am See, die auch das **Klima** der Stadt entscheidend beeinflusst. Die Stadt liegt nämlich im Bereich verschiedener Einflüsse: Über den Großen Seen (Great Lakes) treffen arktische und tropische Luftmassen aufeinander und sorgen, je nach Jah-

Oh Canada! Sport schreibt Geschichte

Kanada ist ein Land der Gegensätze, und doch gibt es Verbindendes: Eishockey oder Canadian Football beispielsweise. Im Eishockey, neben Lacrosse kanadischer Nationalsport, schrieb das „Team of the Century" 1972 ein wichtiges Kapitel kanadischer Geschichte und wurde 2012 deshalb auch auf Canada's Walk of Fame im Entertainment District ㉑ *verewigt. Im Herbst 1972 standen sich die UdSSR und Kanada in den sog. Summit Series gegenüber. Die Sowjets beherrschten damals das Eishockey, nordamerikanische Profis waren noch von internationalen Wettbewerben ausgeschlossen. Dieses Treffen sollte nun klären, wer das beste Eishockey spielte. Die folgenden acht heiß umkämpften Begegnungen gelten bis heute unter Fans und in Fachkreisen als Höhepunkte des Sports, denn selten wurde wieder auf derart hohem Niveau und mit so viel Einsatz und Begeisterung gespielt!*

Nach vier Partien in Kanada führten die Sowjets mit zwei Siegen bei einem Unentschieden und einem kanadischen Erfolg. Während der nächsten drei Partien in Moskau gelang es den Kanadiern gleichzuziehen – die letzte Partie musste die Entscheidung bringen. Am 28. September 1972, nach einem 6:5-Erfolg, befand sich ganz Kanada im Ausnahmezustand, besonders weil Paul Henderson, ein Spieler der Toronto Maple Leafs, Sekunden vor Schluss den kanadischen Siegtreffer erzielt hatte …

Die USA haben den Super Bowl, den Kanadiern ist der Grey Cup wichtiger. 2012 feierte man in Toronto das 100. Finalspiel um diesen 1909 vom britischen Verwalter in Kanada, Albert Grey, dem 4. Earl Grey, gestifteten Pokal. Die heimischen Argonauts haben den Titel 17 Mal gewonnen – zuletzt 2017 – und sind damit die erfolgreichste Canadian Football-Mannschaft. Canadian Football – „our game", wie die Kanadier stolz behaupten – ist übrigens eine Variante des American Footballs, athletischer und schneller als die kraftbetonte US-Version.

› *Infos Summit Series:*
  www.1972summitseries.com
› *Infos Canadian Football/*
  Grey Cup: www.cfl.ca

reszeit, für Kälte oder Wärme, Niederschläge oder sogar Unwetter. Zudem dient der Lake Ontario speziell im Herbst als Wärmereservoir.

Schnee gibt es zwischen November und April in der Stadt genügend, berühmt-berüchtigt sind die Blizzards aus dem Norden. Allerdings sorgt andererseits das Seeklima auch im Winter immer wieder für wärmere Phasen. Auf einen kurzen Frühling, der meist erst im Mai beginnt, folgt in der Regel ein trockener und heißer Sommer mit Temperaturen bis über 30 °C. Am schönsten ist meist der Herbst (September/Oktober), wenn die Tage noch heiß sind, die Abende lau, die Nächte aber schon frisch. Dann sorgt zudem die Laubfärbung zusammen mit dem Blau des Sees und des Himmels für ein bestechendes Farbspektrum.

Toronto liegt an der Schnittstelle zweier prägender Naturräume des kanadischen Ostens: des sogenannten **kanadischen Schilds** im Norden, mit borealem Nadelwald, durchsetzt von Seen und Sümpfen, wenigen Hügeln und Granitkuppeln, und dem **Niagara Escarpment**. Dieser Riegel aus Sandstein, Schiefer und Granit zieht sich auf etwa 725 km zwischen dem Lake Ontario und dem höher gelegenen Lake Erie und bildet eine Geländestufe im zentralen Süden Ontarios. Der die beiden Seen verbindende Niagara River konnte so seit der letzten Eiszeit, der sogenannten Wisconsin-Eiszeit vor etwa 10.000 Jahren, eine circa 11 km lange und 60 m tiefe Schlucht mit den berühmten Wasserfällen ausspülen.

Wasser spielt im Umkreis von Toronto eine große Rolle, das deutet schon der Name „Ontario" an, der sich vom Irokesen-Wort *Kanadario* („sprudelndes Wasser") ableitet. Die Provinz ist von Wasser – im Süden von den Great Lakes und im Norden von der Hudson Bay – umgeben und ein Sechstel der Provinzfläche ist von Seen und Flüssen bedeckt. Da die Temperatur in den Tiefen des Lake Ontario das ganze Jahr über bei rund 4 °C liegt, ist es dank **DLWC** (Deep Lake Water Cooling) möglich, im Sommer mit dem Wasser Gebäude zu kühlen. Es wird aus etwa 80 m Tiefe in das Wassersystem der Stadt gepumpt und gelangt von dort in das Kühlsystem der angeschlossenen Gebäude – so z. B. das Air Canada Centre, die Steam Whistle Brewery und zahlreiche Bürobauten. Das **Wasser** wird als **Trinkwasser** weiterverwendet und am Ende gereinigt wieder in den See zurückgepumpt. Dieses umweltfreundliche Verfahren wurde 2004 eingeführt und hat inzwischen den Strombedarf bei der Klimatisierung um 75–90 % reduziert.

Ontario lässt sich geologisch in **drei Hauptregionen** trennen: die Hudson

Bay Lowlands, das zentrale kanadische Schild und die südlichen Great Lakes-St. Lawrence Lowlands. Die Ersteren machen zwar 90 % Ontarios aus, doch nur 10 % der gut 14 Millionen Einwohner leben hier. Die Mehrheit der Ontarians lebt in den Lowlands, wo sich Industrie und Agrikultur konzentrieren. Zentrales Siedlungszentrum ist Toronto mit seinen Vororten und Nachbarstädten wie Hamilton, Mississauga oder Scarborough.

Verwaltungstechnisch wird **Toronto** von Bürgermeister und Stadtrat regiert. Der Bürgermeister – seit 2014 John Tory – wird direkt von den Bürgern für vier Jahre gewählt. Der Stadtrat setzt sich aus 44 Mitgliedern zusammen, die in den verschiedenen Verwaltungsbezirken, den sogenannten *wards*, ebenfalls für vier Jahre gewählt werden. Daneben gibt es sieben verschiedene Arbeitskreise *(committees)* mit jeweils einem vom Bürgermeister ernannten Vorsitzenden, einem Vize und vier Mitgliedern, die vom Stadtrat bestimmt werden.

Darunter gibt es eine Reihe weiterer Ausschüsse, die sich um einzelne, spezielle Belange der Stadt kümmern. Der Bürgermeister steht zudem der Toronto Transit Commission (Nahverkehr) und dem Toronto Police Services Board vor.

Die Torontonians und ihr Alltag

Die Vereinten Nationen bezeichneten Toronto einmal als eine der multikulturellsten Städte der Welt und sie müssen es ja eigentlich wissen. Die Zahlen geben ihnen auf jeden Fall Recht: Etwa die Hälfte der 2,8 Millionen Einwohner sind außerhalb Kanadas geboren, neben den offiziellen Sprachen Englisch und Französisch werden noch unzählige weitere gesprochen und trotz aller ethnischen Unterschiede fühlen sich alle Bewohner der Stadt als „Torontonians".

War Kanada bis weit ins 20. Jh. hinein von der **Landbevölkerung** geprägt und lebten 1867 bei Gründung des Dominion noch 80 % der Kanadier in ländlichen Regionen, sind heute fast drei Viertel der fast 36 Millionen Kanadier in oder im Umfeld von **Städten** zu Hause. Gerade Toronto zieht seit Jahrzehnten nicht nur Menschen aus aller Welt, sondern auch die vormalige Landbevölkerung in die Metropole.

Schon die modernen Wolkenkratzer im Zentrum deuten es an: Toronto ist das kanadische **Wirtschaftszentrum** mit der viertgrößten Börse Nordamerikas. Viele Firmen unterhalten hier ihre Zentralen und Banken und Versicherungen machen die Stadt zum **Finanzzentrum** Kanadas. Arbeitsplätze gibt es also zur Genüge.

Kanadas Wirtschaftszentrum

1793 als Verwaltungszentrale des neuen Kolonialgebiets Upper Canada gegründet, hat sich Toronto inzwischen von einer Industrie- und Hafenstadt zu einem „Global Player" im **Handels- und Finanzgeschäft** gemausert. So verfügt die Stadt über eine der vielschichtigsten Wirtschaftsstrukturen in Nordamerika und trägt

◁ *Blick vom CN Tower* ❶
landeinwärts

erheblich dazu bei, dass Ostkanada zu den prosperierendsten Wirtschaftsregionen der Welt zählt.

Der Tourismus keimt erst langsam auf, doch die **moderne Industrie** – Maschinen- und Fahrzeugbau, Elektronik, Chemie, Lebensmittelproduktion, Brauereien, Textil, Druck und Papier – ist in Toronto längst etabliert. Immerhin kommen 20 % aller Waren Kanadas aus der GTA und Toronto verfügt über einen bedeutenden **Flug- und Seehafen**, der über den St.-Lorenz-Seeweg direkt mit dem Atlantik verbunden ist. Daneben hat sich die Stadt in den letzten Jahren neben San Francisco und New York auch zu einem bedeutenden **IT-Zentrum** gemausert. Die **Filmindustrie** – Toronto gilt inzwischen als „Hollywood North" –, hat in letzter Zeit ebenfalls an Bedeutung gewonnen.

Im Umfeld Torontos spielen **Landwirtschaft** (Gemüse, Milchwirtschaft, Geflügel, Futterpflanzen), Forstwirtschaft, die Energieproduktion (vor allem Wasserkraft) und neuerdings auch die **Weinindustrie** in der Niagara-Region eine wirtschaftliche Rolle.

Mit dem Lester B. Pearson International Airport verfügt man über den größten Flughafen Kanadas und zahlreiche Autobahnen durchschneiden die Stadt. Die Hauptverkehrsader ist der Highway 401, der nördlich des Zentrums verläuft und als eine der am dichtesten befahrenen Autobahnen Nordamerikas gilt. Toronto betreibt nach New York und Mexiko-Stadt das **drittgrößte** (und 2017 als bestes ausgezeichnete) **öffentliche Nahverkehrssystem**. Zwar gibt es nur vier U-Bahn-Linien, doch das Straßenbahnsystem dürfte das umfangreichste in ganz Nordamerika sein.

Unter dem Motto „Ride the Rocket" wirbt die Toronto Transit Commission erfolgreich um Kunden: Immerhin nutzen pro Tag an die drei Millionen Menschen den Nahverkehr.

Tourismus

Inzwischen hat sich der neue Charme Torontos herumgesprochen und es gleich nach Las Vegas zu einer der **angesagtesten Messestädte** Nordamerikas gemacht.

Was den **Tourismus** angeht, holt die Stadt gegenwärtig enorm auf, auch verursacht durch den günstigen Wechselkurs und Ressentiments gegenüber den USA unter Präsident Trump.

„Tilley" – legendärer Hut aus Toronto

Egal ob Archäologe, Weltenbummler, Segler oder Holzfäller – wer Wert legt auf eine zuverlässige, sonnen- und wetterfeste Kopfbedeckung, trägt einen kanadischen „Tilley". Unzufrieden mit den verfügbaren Kopfbedeckungen entwickelte der Hobby-Segler Alex Tilley in den 1980er-Jahren in seinem Keller eigene Hüte. Längst sind die „Tilleys", die in kanadischer Handarbeit hergestellten Hüte, zur Grundausstattung von Menschen geworden, die viel im Freien oder auf Reisen sind. Aus der „Kellerfirma" ist eine kanadische Outdoor-Markenfirma – mit Kleidung und Accessoires neben Hüten und Mützen – mit Sitz in Toronto geworden. Ein „Tilley" ist schließlich eine Anschaffung für's Leben.

› *Tilley Flagship Store,*
www.tilley.com, s. S. 76

2017 verzeichnete man 43,7 Mio. Besucher, davon 15,5 Mio. Übernachtungsgäste. Unter den 5,1 Mio. internationalen Gästen führen China und Großbritannien die Liste an, Deutschland folgt auf Platz 6 mit 93.000 Personen. Nach Jahren der Stagnation steigen die Besucherzahlen stetig und gerade jetzt, in dieser Aufbruchsphase, steckt die Stadt noch voller liebenswerter Ecken und Überraschungen und ist unbedingt eine Reise wert.

Das Erbe der „First Nations"

Im Großraum Toronto selbst bilden die fast 40.000 Indianer eine bedeutende ethnische Gruppe, die im Zentrum (The Annex) einen eigenen Treff, das Native Canadian Centre ❼, unterhält. Sie gehören insofern zu einer Minderheit, dass 70 % der kanadischen Indianer immer noch in den etwa 3000 anerkannten **Reservaten** (in Kanada *indian reserves*) leben – fast ein Viertel davon befindet sich in der Provinz Ontario. Dazu gehört auch das größte Reservat, **Grand River**, nur etwa eine Autostunde westlich von Toronto. Dort leben etwa 13.000 der über 25.000 registrierten Mitglieder der „**Six Nations of the Grand River**" – der Irokesen, die sich im 18. Jh. aus sechs Völkern (Cayuga, Mohawk, Oneida, Onongada, Seneca und Tuscarora) zu einer Konföderation zusammengeschlossen und nach dem amerikanischen Unabhängigkeitskrieg sowie dem „War of 1812" in Ontario Zuflucht gefunden haben.

Die meisten der Indianer in Toronto (nach Angaben des Büros für „Aboriginal Affairs and Northern Development Canada" leben an die 40.000 in der Stadt selbst) gehören dem Kulturkreis der ehemaligen **Waldlandin-**

△ *Wichtige ethnische Gruppe: die First Nations, kanadische Indianer*

dianer an, die dem algonquinischen (70 %) und irokesischen Sprachkreis zugerechnet werden. Wie sehr die Ureinwohner zur kulturellen Vielfalt in Toronto beitragen, zeigt sich bei den vielfältigen Veranstaltungen im Native Canadian Centre ❼.

KURZ & KNAPP

First Nations
Die einstigen Herren der Weiten Kanadas machen heute noch etwa 5 % (etwa 1,7 Mio.) der kanadischen Gesamtbevölkerung aus. Zwei Drittel davon rechnen sich zu den mehr als 630 von der Regierung anerkannten indianischen Völkern, etwa 5 % sind Inuit (Eskimos) und der Rest gehört zu den Métis, einem Mischvolk aus Indianern und französischen Trappern. Politisch korrekt spricht man in Kanada von „Native Canadians" oder „First Nations".

PATH – Torontos Underground City

Kanadas Winter sind bekanntlich lang, kalt und schneereich. Kein Wunder, dass in vielen kandischen Großstädten ein überdachtes Wegenetz entstanden ist, das wetterunabhängiges Bummeln erlaubt. Toronto verfügt schon seit über 100 Jahren über ein Tunnelsystem, das längst zu einer eigenen „Underground City" geworden ist.

Das ausgedehnte unterirdische Wegenetz von Toronto wird offiziell als „PATH" bezeichnet und bildet eine „Stadt im Untergrund". Zwischen Yonge Street ⓯ und University Avenue sowie CN Tower ❶/Union Station ❾ und Dundas Street sind auf insgesamt 30 km über 50 Bauten, darunter acht Hotels, sechs Subway-Stationen und etliche Einkaufszentren, insgesamt rund 1200 Shops, Restaurants und andere Serviceeinrichtungen durch **unterirdische Fußgängertunnel** und **Ladenpassagen** verbunden. Dieses System der Gänge oder *pathways,* das als größtes unterirdisches Einkaufszentrum sogar im Guinness Buch der Rekorde steht, macht Toronto zu jeder Jahreszeit und **bei jedem Wetter** zum idealen Shopping- und Sightseeing-Ziel.

Der erste Fußgängertunnel war bereits im Jahr 1900 entstanden und verband die drei Filialen des damals führenden Kaufhauses T. Eaton Co. miteinander. 1917 folgten weitere fünf *pathways* und im Jahr 1927 wurden das Royal York Hotel (heute Fairmont Royal York Hotel ❿) und die gegenüberliegende Union Station unterirdisch verbunden. Danach trat eine längere Baupause ein, erst in den 1970er-Jahren kam es zur einer Verbindung von Richmond und Adelaide Street (inklusive dem Sheraton Centre Hotel) durch neue Tunnel.

Im Jahr 1987 übernahm schließlich **die Stadt** das unterirdische Wegesystem und begann mit seiner **Ausweitung** auf derzeit 30 km Länge. Heute soll PATH an einem Wochentag allein von 200.000 Pendlern frequentiert werden, viel weniger sind es an Wochenenden, da dann die Büros und viele Cafés und Geschäfte geschlossen sind.

Das gesamte Netz ist inzwischen derart **labyrintisch** geworden, dass selbst Einheimische gelegentlich Probleme haben, sich hier zurechtzufinden. Dabei sind die **Zugänge** – über Subway-Stationen und Attraktionen wie die Hockey Hall of Fame ⓫ oder die Roy Thomson Hall (s. S. 69), durch Hotels und an Straßenecken – klar gekennzeichnet und die **Routen** selbst durch **verschiedene Farben** (Gelb, Blau, Rot und Orange) voneinander unterscheidbar. Gerade an Wochenenden kann es jedoch passieren, dass ein Gang, der durch eines der Bürohochhäuser führt, plötzlich gesperrt ist.

Das nördliche Ende des Tunnelsystems bildet derzeit der Toronto Coach Terminal (Busbahnhof, 610 Bay St.). Ein Ausbau bis zum College Park (444 Yonge/777 Bay St.) ist geplant. Südlichster Punkt des Tunnelsystem ist das Air Canada Centre ❸, während im Westen das Canadian Broadcast Centre (250 Front St. W) und das Metro Centre (255 Front St. W) die Eckpunkte darstellen. Ein weiterer Ausbau ist geplant.

❯ Weitere Informationen und eine Übersichtskarte findet man unter www.toronto.ca/path.

PRAKTISCHE REISETIPPS

An- und Rückreise

Reiseplanung und Flüge

Von **Air Canada** (kooperierend mit den Star-Alliance-Mitgliedern Lufthansa, Swiss, Austrian und United Airlines) werden das ganze Jahr über täglich ab Frankfurt, München, Zürich und Wien Nonstop-Flüge nach Toronto sowie von vielen anderen Flughäfen Flüge mit Zwischenstopp angeboten. Die Preise bewegen sich im Schnitt zwischen 600 € (November–Mai) und gut 1300 € (Hauptsaison/Sommer). Der Flug dauert etwa 7½ bis 8½ Stunden. Condor steuert von Mai bis Okt. von Frankfurt aus Toronto direkt an.

Mit Zwischenstopps fliegen außerdem **British Airways** (London), **Air France** (Paris), **KLM** (Amsterdam), **Icelandair** und **WOW air** (Reykjavík) sowie verschiedene amerikanische Fluggesellschaften.

Innerhalb Kanadas und in die USA ist auch **Porter** (mit Firmensitz in Toronto) eine günstige Alternative – jeweils zum/vom Billy Bishop Toronto City Airport.

› Air Canada, www.aircanada.com
 in Deutschland: Tel. 069 27115111,
 in Toronto: Tel. 18882472262
› Porter, Tel. 1 888 6198622 oder 416 6198622, www.flyporter.com
› Auch bei Brokern wie www.expedia.de oder www.travel-overland.de findet man oft günstige Toronto-Flüge.

Ankunft

Mit dem Flugzeug

Der **Pearson International Airport** (**YYZ**) ist der größte Flughafen Kanadas und befindet sich knapp 30 km bzw. 20 bis 45 Min. Fahrzeit nordwestlich von Downtown Toronto. Fluggäste von Air Canada und Star Alliance Partner (Lufthansa, Austrian, Swiss, United, US Airways) kommen an Terminal 1 an, andere europäische Gesellschaften an Terminal 3.

› Infos: www.torontopearson.com,
 Tel. 18662071690 (gratis) bzw.
 416 2477678

Es gibt mehrere Möglichkeiten, um vom Pearson International Airport in die Stadt zu gelangen:

› **Öffentlicher Nahverkehr** (s. S. 110): ab Flughafen Expressbus X192 („Airport Rocket") zur U-Bahn-(T)-Station „Kipling", dann mit der Green Line Kipling–Kennedy („Bloor-Danforth") ins Zentrum. Fahrtdauer ca. 45 Min., Preis: C$ 3,25, im Bus (möglichst) exakt zu bezahlen. Schneller (25 Min.) und bequemer, wenngleich teurer, geht es mit der neuen S-Bahn, dem **UP Express**, ab Terminal 1 direkt zur Union Station (Downtown). Infos und Tickets (ab C$ 12,35): www.upexpress.com.

› **Mietwagen:** Alle großen Mietwagenfirmen betreiben Büros am Flughafen auf Level 1, nahe den Garagen. Der Highway 427 N führt südwärts auf den Gardiner Expressway, dann ostwärts Richtung Downtown.

› **Taxis:** Von jedem Terminal fahren Taxis in die Stadt. Der Fahrpreis ist vom Ziel abhängig, eine Fahrt ins Zentrum kostet beispielsweise derzeit ca. C$ 55–60.

Der zweite Flughafen der Stadt, **Billy Bishop Toronto City Airport** (**FNT**), liegt verkehrstechnisch sehr günstig auf Hanlan's Point/Toronto Islands (s. S. 22). Er ist durch einen neuen Fußgängertunnel und eine Fähre (ab Queens Quay W, Tram Nr. 509 und 511) erreichbar. Er wird vor allem von Geschäftsleuten geschätzt, ist aber

◁ *Vorseite: Auf der „Maid of the Mist" unter den Niagara Falls* 🔟

Autofahren

auch wegen seiner Kurzstreckenflüge innerhalb Kanadas und in die USA (von Air Canada und Porter) eine gute Alternative für Besucher, die weiterfliegen möchten.

› Infos: www.billybishopairport.com

Mit der Bahn

Wer per **Bahn** anreist, z. B. mit VIA Rail von der Westküste (Vancouver) oder mit AMTRAK aus den USA (New York/Washington), kommt in der **Union Station** ❾, in Downtown an.

› www.viarail.ca, www.amtrak.com

Autofahren

Mietwagen

Air-Canada- oder andere Flüge können auch als „Fly & Drive"-Paket inklusive Alamo-Mietwagen gebucht werden. Generell muss in Kanada der Automieter **mindestens 21 Jahre alt** sein, unter 25 fällt oft ein Aufschlag an. Kanadier erhalten ihre Fahrerlaubnis frühestens mit 16 Jahren. Preislich günstiger und sicherer, da alle Versicherungen und Steuern im Preis enthalten sind, ist im Allgemeinen, die Buchung unabhängig vom Flug bereits zu Hause zu tätigen, entweder über das Internet oder ein Reisebüro. Der Preis für eine Woche startet bei etwa 220 € für einen Mittelklassewagen (Standardpaket, CDW mit Selbstbeteiligung). Für reine Stadtaufenthalte ist jedoch kein Mietwagen nötig.

Die großen **Autoverleiher** unterhalten Büros am Pearson International Airport und in der City: z. B. AVIS (u. a. 40 Blue Jays Way oder 161 Bay St.), Hertz (20 Bloor St. E) oder Alamo (200 Wellington St. W). Einwegmieten sind möglich, z. B. zwischen Toronto, Calgary und Montréal, und bei geplanten Fahrten in die USA müssen zuvor die Bedingungen der Mietwagenfirma erfragt werden.

Verkehr und Besonderheiten

Das Straßensystem der Stadt ist in Form eines **Gitternetzes** angelegt und an sich leicht zu durchschauen. Allerdings gibt es zahlreiche **Einbahnstraßen** und **Linksabbiege-Verbote**. In der **Rush Hour** (7 – 9 und 16 – 18 Uhr) geht es höllisch zu und Staus sind an der Tagesordnung.

Auf den meisten Highways in Ontario liegt die **Geschwindigkeitsbegrenzung** bei max. 80/90 km/h, auf Freeways (mit 400er-Nr.) 100 km/h, innerorts normalerweise 50 km/h.

Benzin kostet derzeit ca. C$ 1,20 (ca. 0,80 €) pro Liter *unleaded regular* (Aktuelle Preise: http://stockr.net/Toronto/GasPrice.aspx). Tankstellen schließen gegen 19 Uhr und bleiben sonntags geschlossen, in großen Städten und an wichtigen Highways gibt es aber 24-Std.-Service.

In der Wartehalle des Pearson International Airport

Im Stadtzentrum von Toronto ist **Parken** teuer: Ca. C$ 5 muss man auf offenen Parkplätzen zahlen, in Parkhäusern werden für eine Stunde C$ 10–15 fällig, für 24 Std. ist mit mind. C$ 20–30 zu rechnen, Hotels im Stadtzentrum berechnen mind. C$ 40 pro Nacht, eher mehr. Eine Übersicht von Parkhäusern und -plätzen mit aktuellen Preisen findet sich auf: http://toronto.bestparking.com. Strafzettel für Falschparken kosten mind. C$ 30 und können gegebenenfalls im Internet beglichen werden (Details s. Strafzettel).

Verkehrsbesonderheiten

› Für **Schulbusse** müssen bei Blinklicht und ausgeschwenktem Stopp-Signalschild Autos in beiden Richtungen anhalten.
› **Straßenbahnen** dürfen an Haltestellen nicht rechts überholt werden.
› **Ampeln:** Grünes Blinklicht für Linksabbieger. Rechtsabbiegen bei Rot nach vollständigem Stopp mit Vorsicht erlaubt.
› **Alkohol:** Die Grenze liegt derzeit bei 0,8 Promille, aber schon ab 0,5 Promille wird mit Führerscheinentzug bestraft. Unter 21-Jährige dürfen überhaupt keinen Alkohol konsumieren.
› **Maut (Tolls):** Auf Brücken und in Tunneln, für Fähren und auf dem Highway 407 nördlich Torontos wird eine Mautgebühr, teils fix, teils streckenabhängig, fällig.

Parken ist in Toronto teuer und nicht immer einfach

Gut zu wissen

› **Autoklub:** Canadian Automobile Association (CAA), Don Mills, 895 Lawrence Ave. E, Mo.–Fr. 9–18, Sa. 9.30–16.30 Uhr, Tel. 416 4499442, www.caa.ca, 24-Std. Road Service: Tel. 1 800 2224357, (*222 mobile). Karten, TourBooks, gegen Ausweisvorlage auch für Klubmitglieder aus Europa.
› **Notfälle:** Ontario Provincial Police, mit Stationen an den Haupt-Highways, gekennzeichnet durch gelbe Schilder mit der schwarzen Aufschrift „O.P.P.".

Barrierefreies Reisen

Kanada ist für Menschen mit Behinderung *(handicapped people)* ein ideales Reiseland mit entsprechenden Einrichtungen und Vergünstigungen, mit Rampen und Lifts, eigenen Parkplätzen und Toiletten, Blindeneinrichtungen und ausleih-

baren Rollstühlen, behindertengerechten Hotelzimmern und Leihwagen.
› **Für Menschen mit Mobilitätseinschränkung:** www.wheelchairtraveling.com/accessible-attractions-and-sites-in-toronto-canada-for-wheelchairs-and-seniors
› www.accessibleniagara.com, Besichtigungen in Ontario (Niagara) für Menschen mit Handicap

Diplomatische Vertretungen

Zu Hause
› **Kanadische Botschaft in Deutschland:** Leipziger Platz 17, 10117 Berlin, Tel. 030 203120, www.canadainternatio nal.gc.ca/germany-allemagne/index.aspx?lang=deu, keine Visa (nur in Wien)
› **Kanadische Botschaft in Österreich:** Laurenzerberg 2, 1010 Wien, Tel. 43 (0)1 531383000, www.canadainter national.gc.ca/austria-autriche/index.aspx?lang=deu
› **Kanadische Botschaft in der Schweiz:** Kirchenfeldstr. 88, 3005 Bern, Tel. 41 (0)31 3573200, www.canadainterna tional.gc.ca/switzerland-suisse/index.aspx?lang=eng, keine Visa
› Adressen u. a. hilfreiche Informationen gibt es unter **https://travel.gc.ca** (Government of Canada).

In Kanada
● **184** [M8] **German Consulate General,** 2 Bloor St. E, Tel. 416 9252813, https://canada.diplo.de/ca-en/vertretungen/generalkonsulat2
● **185** [M5] **Austrian Honorary Consulate,** 30 St.Clair Ave.W., Tel. 416 9674867
› **Embassy of Switzerland,** 5 Marlborough Ave., Ottawa, ON, K1N 8E6, Tel. 613 2351837

Ein- und Ausreisebestimmungen

Für Aufenthalte bis **sechs Monate** genügt für EU- sowie Schweizer Bürger ein gültiger **Reisepass** (über die gesamte Aufenthaltsdauer gültig). Es ist **kein Visum** nötig. Obligatorisch ist seit 2016 **eTA (Electronic Travel Authorization).** Diese Registrierung per Internet ist für fünf Jahre gültig und kostet einmalig C$ 7. Antrag unter: www.ca nada.ca/en/immigration-refugees-ci tizenship/services/visit-canada/eta/apply-de.html. Auch bei Einreise aus den USA ist eTA nötig.

Am Pearson Airport gibt es sog. **Primary Inspection Kiosks,** an denen die Registrierung automatisiert erfolgt. Falls ein Stempel im Pass benötigt wird (z. B. bei Weiterreise in die USA), muss dieser anschließend explizit bei einem Officer angefordert werden. Die „reguläre" max. Aufenthaltsdauer beträgt sechs Monate.

Reisen Kinder nur mit einem Elternteil oder mit einer anderen Person ein, ist in Kanada bei der Einreise eine Einverständniserklärung des anderen Elternteils erforderlich. Weitere Auskünfte gibt es unter www.cbsa-asfc.gc.ca/travel-voyage/td-dv-eng.html.

Von Kanada darf man bis max. 90 Tage visumsfrei in die **USA** einreisen (ESTA, https://esta.cbp.dhs.gov/esta/application.html?execution=e1s1, erforderlich!), ein Rückflugticket muss vorgelegt werden.

Zoll

Seit es „Primary Inspection Kiosks" am Flughafen Toronto gibt, muss keine weiße Zollkarte (**CBSA Declaration Card**) mehr ausgefüllt werden. Die nötigen Erklärungen werden an der Maschine abgefragt. **Einfuhrbeschränkungen** beziehungsweise **-verbote** bestehen zum Beispiel für Tiere, Pflanzen, Arzneimittel, Betäubungsmittel, explosive Materialien, Waffen und Drogen aller Art, Lebensmittel, Raubkopien, Antiquitäten oder ähnliche Kunstschätze. Geldbeträge über C$ 10.000 sind deklarierungspflichtig.

Infos zu Einreise und Zoll: www.cbsa-asfc.gc.ca/noncan-eng.html bzw. www.cbsa-asfc.gc.ca/travel-voyage/ivc-rnc-eng.html

Einfuhr Canada
› ab 19 Jahren **Einfuhr** von Alkohol: 1,5 l Wein oder 1,14 l Likör oder 24 x 355 ml Bier sind erlaubt, außerdem Tabakwaren: wahlweise 200 Zigaretten oder 50 Zigarren oder 200 g Tabak dürfen eingeführt werden

Einfuhr Deutschland/Österreich/Schweiz
Folgende **Freimengen** darf man zollfrei einführen:
› **Tabakwaren** (über 17-Jährige in EU-Länder und die Schweiz): 200 Zigaretten oder 100 Zigarillos oder 50 Zigarren oder 250 g Tabak
› **Alkohol** (über 17-Jährige in EU-Länder): 1 l über 22 Vol.-% oder 2 l bis 22 Vol.-% und zusätzlich 4 l nicht-schäumende Weine; in die Schweiz: 2 l bis 15 Vol.-% und 1 l über 15 Vol.-%
› **Andere Waren** für den persönlichen Gebrauch bis zu einem Gesamtwert von 430 € (unter 15 J. bis 175 €, Schweiz: bis CHF 300) pro Person. Wird der Warenwert überschritten, sind Einfuhrabgaben auf den Gesamtwert der Ware zu zahlen und nicht nur auf den die Freigrenze übersteigenden Anteil.

Nähere Informationen:
› **Deutschland:** www.zoll.de (Stichwort „Privatpersonen", dann „Reisen"). Sehr informativ ist auch die Broschüre „Reisezeit – ihr Weg durch den Zoll", die kostenlos als App herunterladbar ist.
› **Österreich:** www.bmf.gv.at/zoll/reise/reise.html
› **Schweiz:** www.ezv.admin.ch unter „Information Private", dann „Reisen und Einkaufen"

Elektrizität

In Kanada gibt es 110/120-Volt-Wechselstrom, umstellbare Elektrogeräte und Adapter sind wie in den USA nötig.

Geldfragen

Währung und Zahlungsmittel

Einkaufen ist für Besucher aus Europa derzeit sehr preiswert und günstiger als in den USA.

Ein **Kanadischer Dollar** besteht aus 100 Cent, auch „loonie" genannt. Die C$-2-Münze heißt „toonie" und darüber hinaus gibt es Penny (1 c.), Nickel (5 c.), Dime (10 c.), Quarter (25 c.) und die 50-c.-Münze. An Banknoten sind es C$ 5 (blau, Porträt Wilfrid Laurier), C$ 10 (hell-lila, John A. Macdonald), C$ 20 (grün, Queen Elizabeth II.), C$ 50 (rot, William L. Mackenzie King) und C$ 100 (braun, Robert Borden).

Wechselkurse
› US$ 1 = C$ 1,25
› 1 € = C$ 1,56
› C$ 1 = 0,64 €/0,74 SFr.
› 1 SFr. = C$ 1,35
(Stand: Frühjahr 2018)

Toronto preiswert

Wenn man sich ausführlich in Toronto umsehen möchte, sollte man darüber nachdenken, sich den sog. **CityPass** (s. S. 60) zu besorgen, mit dem man neun Tage lang freien Eintritt in mehrere Sehenswürdigkeiten der Stadt hat!

Wer viel mit dem **Nahverkehr** fährt, für den lohnt es sich, eine der günstigen Tages- oder Wochenkarten zu kaufen (s. S. 110).

Preiswert **essen** bzw. **einkaufen** kann man in den Shopping Malls (s. S. 73), an Würstchenbuden oder im **St. Lawrence Market** 26 und auch kulturell kann man in Toronto einiges günstiger oder sogar kostenlos erleben: So finden auf der Harbourfront Concert Stage (s. S. 19) und im Toronto Music Garden (s. S. 19) häufig **Gratis-Konzerte** (s. S. 77) und kostenlose Straßenfeste, Musik- bzw. Filmfestivals statt und die großen **Museen** bieten an bestimmten Tagen bzw. Abenden verbilligten oder sogar freien Eintritt (z. B. ROM 32 oder Gardiner Museum 33). Im Rahmen des **Toronto Greeters Program** gibt es kostenlose Stadtführungen zu verschiedenen Themen und in unterschiedlichen Vierteln (s. S. 105). Auch die Tour Guys bieten Gratis-Touren an.

☐ Preiswert und abwechslungsreich einkaufen bzw. essen kann man auch auf dem St. Lawrence Market 26

American Express Travelers Cheques sind auch auf C$ ausgestellt erhältlich. Sie sind versichert, allerdings ist in den letzten Jahren ihre Akzeptanz in Geschäften oder Hotels enorm gesunken. AmEx-Filialen oder Banken tauschen sie noch gegen Bargeld ein, einfacher ist jedoch das Bezahlen mit Kreditkarte. Mit einer VisaCard oder MasterCard lässt sich an Automaten gegen eine Gebühr (je nach Bank) Geld abheben.

Dabei wird manchmal die Abrechnung in Euro angeboten (Dynamic Currency Conversion). Meist ist jedoch wegen des ungünstigeren Wechselkurses eine Abbuchung in Landeswährung vorzuziehen.

Viele Banken sperren die **Giro-(Debit-)Karten** aus Sicherheitsgründen für den Einsatz im außereuropäischen Ausland. Während Maestro-Karten weltweit genutzt werden können, sind die meisten VISA-Debitkarten heute mit **VPAY-Bezahl-**

funktion versehen. An Bankautomaten in Kanada kann damit kein Geld gezogen werden, da die Automaten die Chips nicht lesen können. Wer mit Giro-Karte bezahlen oder Geld abheben möchte, sollte sich im Vorfeld bei seiner Bank erkundigen und sicherheitshalber eine Kreditkarte mitnehmen.

Geldwechsel ist in Banken, „Currency Exchanges", u. a. am Flughafen sowie in Ontario's Travel Information Centres an der U.S./Canada-Grenze, und in vielen großen Hotels möglich.

Auf so gut wie alle Waren und Services wird die **HST – Harmonized Sales Tax** (PST – Provincial – und GST – Goods & Services Tax) – in Höhe von **13 %** (Ausnahmen bilden z. B. Bücher und Kinderbekleidung mit 8 %) aufgeschlagen. Sie ist meist nicht in den angegebenen Preisen enthalten, was oft auch für Eintrittspreise gilt.

Preise und Kosten

Da die Kosten eines Toronto-Aufenthalts zu sehr von persönlichem Anspruch, Interessen und gewünschtem Komfort abhängig sind, können keine definitiven Zahlen angegeben werden. Die Kosten für **Verpflegung** entsprechen etwa denjenigen hierzulande. **Restaurantbesuche** sind teilweise günstiger, das Preis-Leistungs-Verhältnis ist besser, die Portionen größer. **Kleidung** und **Schuhe** sind in der Regel wesentlich billiger, auch **Bücher**, **CDs** und **elektronische Geräte** sind preiswerter. Die **Eintrittspreise** sind je nach Institution eher hoch, allerdings gibt es für Studenten und Personen ab 65 Jahren Ermäßigungen und die großen Museen bieten häufig an bestimmten Tagen verbilligten oder freien Eintritt.

Informationsquellen

Infostellen zu Hause

Für Deutschland, Österreich, Schweiz:
> **Ontario Tourism**, Lieb Management & Beteiligungs GmbH, Bavariaring 38, 80336 München, Tel. 089 689063837, www.ontariotravel.net/ger/home
> **Canadian Tourism Commission**, The Destination Office, Tel. 0234 32498074, https://de-keepexploring. canada.travel

Infostellen vor Ort

> ❶186 [M13] **Ontario Travel Information Centre**, 65 Front St. (Union Station), Tel. 416 3145899, https://www.ontariotravel.net/ger/plan/otics, Mo.–Sa. 9–18, So. 10–18 Uhr. Viele Informationen zu Toronto.
> **Toronto Convention & Visitors Association**, Tel. 416 2032600 oder 1 800 4992514 (kein Publikumsverkehr), www.seetorontonow.com
> Infokiosks „InfoTOgo", in Form von Pfeilern mit Stadtplänen, Sehenswürdigkeitenbeschreibungen und anderen nützlichen Infos, gelegentlich Audiosystem. Es gibt außerdem die „InfoTOgo Mobile Unit", mobile Infokioske, die bei großen Veranstaltungen und Festivals vor Ort aktuelle Informationen bieten.

Die Stadt im Internet

> **www.ontariotravel.net:** Seite der Ontario Tourism Marketing Partnership, Hinweise auf Einreise, Verkehrsmittel, Wetter, Gesundheit und Geld, Zoll, Steuern, Nahverkehr, aber auch Facts zur Wirtschaft, Demografie, Geografie etc. (auf Deutsch www.ontariotravel.net/ger/home)
> **www.seetorontonow.com:** offizielle Website von Toronto Tourism, auch auf Deutsch.

Informationsquellen

- www.toronto.ca: Website der Stadt, v. a. für Bürger, auch touristische Inhalte
- www.blogto.com: lokale News, vor allem aus dem Kulturbereich, dazu umfassende Infos zu Restaurants und Events
- www.mtc.gov.on.ca: offizielle Website des kanadischen Ministeriums für Tourismus mit allgemeinen Informationen, auch zu aktuellen Events
- www.archives.gov.on.ca: interessante Seite der Archives of Ontario zu historischen Themen („Accessing Our Collection")
- www.ttc.ca: offizielle Website der Toronto Transit Commission (Nahverkehr), Fahrpläne und Routen unter „Schedules & Maps"

Publikationen und Medien

Die überregionale kanadische **Tageszeitung** heißt „Globe and Mail" (seit 1844, www.globeandmail.com). Interessant ist am Wochenenden die „Weekend Review" mit aktuellen Veranstaltungstipps. Auch „Toronto Star"

Unsere Literaturtipps

- *Margaret Atwood:* Die in Toronto lebende kanadische Schriftstellerin (geb. 1939) schildert in vielen Romanen ihre Stadt. Mit „Life before Man" (deutsch: „Die Unmöglichkeit der Nähe", Ullstein Verlag 2008) liefert sie ein interessantes Porträt der Stadt in den 1970er-Jahren.
- *Bruce Bell:* „A Pictorial Celebration" (Sterling Publishing New York, 2006), nicht nur wegen der Fotos von Elan Penn ein tolles Buch, Bell versteht es, die Stadtgeschichte lebendig werden zu lassen. (Wie andere seiner Werke ist der Bildband über www.brucebelltours.ca zu beziehen).
- *Barbara Gowdy,* „Falling Angels" (1989, deutsch: „Fallende Engel"), „Mister Sandman" (1995), „The Romantic" (2003, deutsch: „Die Romantiker"), „Helpless" (2007, deutsch: „Hilflos", alle A. Kunstmann Verlag Frankfurt): Die 1950 in Windsor/Ontario geborene und seit 1954 in Toronto lebende Autorin gehört dank ihrer fesselnden, teils fantastischen, teils psychologisierenden Geschichten zu den angesagtesten Autorinnen der Stadt.
- *Shawn Micallef,* „Stroll: Psychogeographic Walking Tours of Toronto" (2010). Der Journalist und Kolumnist schlendert plaudernd durch verschiedene Stadtviertel. Die dazu gezeichneten Pläne von Marlena Zuber laden zum Nachmachen ein.
- *Michael Ondaatje,* „In the Skin of a Lion" (1987, deutsch: „In der Haut eines Löwen", DTV, 1997): Der in Sri Lanka geborene Torontonian (geb. 1943) wurde mit „Der englische Patient" (Hanser Verlag München) weltberühmt. In diesem Roman schildert er das Leben der Immigranten in Toronto zu Beginn des 20. Jh. und ihre Beteiligung am Aufbau bekannter „Landmarks" wie dem Bloor Street Viaduct oder der RC Harris Filtration Plant.
- *Michael Ignatieff* (*1947) gehört zu den bekannten Persönlichkeiten Kanadas, war bis 2011 Chef der Liberal Party, ist angesehener Journalist, Historiker und Schriftsteller. Zwei seiner Romane - Asya (1991) und Scar Tissue (1993, Die Lichter auf der Brücke eines sinkenden Schiffs. Geschichte einer Familie) - sind auch auf Deutsch erschienen.

(http://thestar.com), das Boulevardblatt „Toronto Sun" (www.torontosun.com) und „National Post" (http://nationalpost.com) sind verbreitet. Interessant ist noch das **Monatsmagazin** „Toronto Life" (https://torontolife.com) mit Spezialausgaben z. B. zu den Toprestaurants der Stadt. Das **Toronto Magazine** ist ebenso wie u. a. der **Toronto Visitor Guide** unter www.seetorontonow.com/maps-and-guides/#sm.0005uitde1cjoeparcj12kcgo4xxs verfügbar.

Hilfreich für Touristen sind auch einige gratis ausliegende Magazine:
› **Now** (https://nowtoronto.com), wöchentlich neu mit aktuellem Konzert-/Veranstaltungskalender, Feature Stories, Buchbesprechungen, Theater und Kino (Tipps und Listen) sowie News, Life & Style, Essen und Anzeigen
› **The Bulletin** (http://thebulletin.ca), „Toronto's Downtown Newspaper" mit ausgewählten Themen und Artikeln zu lokalen Belangen sowie einer wöchentliche Kolumne von Bruce Bell (s. S. 32)
› **WHERE** (https://where.ca/ontario/toronto), monatlich neu mit Tipps zu Unterhaltung, Essen gehen, Nachtleben, Shopping, Museen und Galerien, außerdem Sonderberichte und Pläne

Internet

Kostenlose **WLAN-Hotspots** gibt es in vielen Lokalen und Cafés, z. B. bei Starbucks oder auch im Harbourfront Centre, am St. Lawrence Market, um die City Hall, in der Toronto Public Library (mehrere Filialen) und in mehreren Museen sowie am Yonge-Dundas Square ⓰. Eine Liste mit kostenlosen WLAN-Spots findet sich unter:
› www.towifi.ca/toronto
› http://auth.wirelesstoronto.ca/nodeextra/map

Maße und Gewichte

In Kanada gilt wie im englischen Mutterland und anders als in den USA das **metrische System**, allerdings werden auch die amerikanischen Äquivalente benutzt. Man tankt in Litern und Strecken oder Geschwindigkeiten sind in Kilometern (auf Schildern oft in Meilen und Kilometern angegeben), Temperaturen in Grad Celsius angegeben. Andererseits entsprechen manche Packungsgrößen amerikanischem bzw. englisch-imperialem Standard: Butter wird beispielsweise in 454-g-Packungen (1 am. pound) verkauft und Flaschen enthalten 20 fl. oz (591 ml), 12 imperial fluid (351 ml) oder 12 U.S. fluid (355 ml). Gewicht und Größe geben Kanadier in feet und inches an und Temperaturen beim Kochen meist in °F (Fahrenheit).

Medizinische Versorgung

Besonderen Risiken sind Toronto-Reisende nicht ausgesetzt. Gesetzliche Krankenkassen übernehmen die Arztkosten nicht, der Abschluss einer Reisekrankenversicherung ist ratsam.

Krankenhäuser mit Notaufnahme

✚**187** [L10] **Mt. Sinai Hospital**, 600 University Ave., Tel. 416 5865054
✚**188** [N11] **St. Michael's Hospital**, 30 Bond St., Tel. 416 3604000
✚**189** [L10] **Toronto General**, 200 Elizabeth St., Tel. 416 3403946
✚**190** [I10] **Toronto Western Hospital**, 399 Bathurst St., Tel. 416 6035757

Arztpraxen

✚**191** [M11] **MCI/The Doctor's Office**, 595 Bay St./Atrium, Lower Level, Tel. 416 5981703, Mo.–Fr. 8–20, Sa. 9–18, So. 11–17 Uhr. Weitere Filialen: https://mcithedoctorsoffice.ca.

✚**192** [J12] **Queen-Spadina Medical Center**, 455 Queen St. W/Spadina Ave., Tel. 416 8693627, www.qsmc.ca, Mo.–Fr. 9–20, Sa./So. 10–15 Uhr

Zahnärztliche Notfälle

✚**193** [M4] **Dental Emergency Service**, 1650 Yonge St., Tel. 416 4857121, tgl. 8–24 Uhr

Apotheken (24-Std.-Service)

✚**194** [M12] **Rexall PharmaPlus**, 199 Bay St. (u. a.), Tel. 416 5440746

✚**195** [N12] **Shoppers Drug Mart**, 69 Yonge St. (u. a.), Tel. 416 6982808

Mit Kindern unterwegs

Nie langweilig wird es Kindern und Jugendlichen im **Ontario Science Centre** ❹ mit interaktiven Exponaten. Auch das **ROM** ❷ und das Freilichtmuseum **Black Creek Pioneer Village** ❽ bieten für Kinder Interessantes. Im **Young People's Theatre** (s. S. 69) gibt es Aufführungen für junge Theaterfreunde. Im April findet das **tiff.kids International Film Festival** (www.tiff.net/kids) statt. Interessant sind auch die folgenden Orte:

▮**196** [I12] **KolKid**, 670 Queen St. W. Hier im für Viele besten Kinderladen der Stadt gibt es von Kleidung bis zu Spielzeug alles für die Kleinen.

🍴**197** [N13] **Old Spaghetti Factory**, 54 The Esplanade. Nudeln aller Art.

› **Wayne Gretzky's** (s. S. 64). Für etwas ältere, sportbegeisterte Kids (Eishockey).

Notfälle

Sämtliche Hilfseinrichtungen wie zum Beispiel Polizei, Krankenwagen und Feuerwehr sind über die **zentrale Notrufnummer 911** erreichbar.

Allgemeine Notfallnummern

› **Toronto Police Headquarters**: Tel. 416 8082222 (40 College St.)
› **Toronto Paramedic Services** (Krankenwagen): Tel. 416 3922000
› **Travellers' Aid Society of Toronto**, 65 Front St. W, Union Station und Airport, www.travellersaid.ca, Tel. 416 3667788

Kartensperrung

Bei **Verlust der Debit-(EC-), Kredit- oder SIM-Karte** gibt es für Kartensperrungen eine **deutsche Zentralnummer** (unbedingt vor der Reise klären, ob die eigene Bank bzw. der jeweilige Mobilfunkanbieter diesem Notrufsystem angeschlossen ist). **Aber Achtung**: Mit der telefonischen Sperrung sind die Bezahlkarten zwar für die Bezahlung/Geldabhebung mit der PIN gesperrt, nicht jedoch für das **Lastschriftverfahren mit Unterschrift**. Man sollte daher auf jeden Fall den Verlust zusätzlich **bei der Polizei zur Anzeige bringen**, um gegebenenfalls auftretende Ansprüche zurückweisen zu können.

In **Österreich** und der **Schweiz** gibt es keine zentrale Sperrnummer, daher sollten sich Besitzer von in diesen Ländern ausgestellten Debit-(EC-) oder Kreditkarten vor der Abreise bei ihrem Kreditinstitut über den zuständigen Sperrnotruf informieren.

Generell sollte man sich immer die **wichtigsten Daten** wie Kartennummer und Ausstellungsdatum **separat notieren,** da diese unter Umständen abgefragt werden.

› **Deutscher Sperrnotruf:** Tel. +49 116116 oder Tel. +49 3040504050
› **Weitere Infos:** www.kartensicherheit.de, www.sperr-notruf.de

Fundbüro

› **Lost & Found Airport:** Tel. 416 2477678
● **198** [M8] **TTC-Fundamt** (Nahverkehr): Bay Subway Station, Mo.–Fr. 8–17 Uhr, Tel. 416 3934100
› **www.torontolostandfound.com:** Liste von Fundobjekten im Internet

Öffnungszeiten

Die **Ladenöffnungszeiten** in Canada ähneln den hiesigen und sind oft kürzer als in den USA. Große **Kaufhäuser** und **Einkaufszentren** sind meist von Mo. bis Fr. zwischen 9/10 und 21, Sa. zwischen 9/10 und 18/19 und So. zwischen 12 und 17/18 Uhr geöffnet, kleinere Shops schließen vielfach um 17/18 Uhr und haben sonntags geschlossen. Weitere Öffnungszeiten:

› **Liquor Stores** (LCBO oder The Beer Store): meist Mo.–Sa. 10 bis mind. 20 Uhr, So. 11 oder 12 bis mind. 17 Uhr
› **Banken:** im Allgemeinen Mo.–Fr. 10–15 Uhr, in Downtown auch freitagabends, seltener samstagvormittags. Geldautomaten (ATM) sind verbreitet.
› **Postämter:** Mo.–Fr. 8–18 Uhr, Sa. nur vormittags bzw. bis zum frühen Nachmittag

> **EXTRATIPP**
>
> **„24/7-Shops"**
> Rund um die Uhr geöffnet sind z. B.:
> ● **199** [V8] **Foodland,** 632 Danforth Ave. (Greektown). Nicht rund um die Uhr, aber 7–23 Uhr geöffnet.
> ● **200** [N11] **Hasty Market,** u. a. 161 Church St. (Downtown), 6.30 (Sa/So. ab 7) bis 24 Uhr
> › **Metro** (s. S. 75), 425 Bloor St. W. Im Annex gelegener großer Supermarkt.
> ● **201** [M9] **Rabba Fine Foods,** u. a. 24 Wellesley W/St. Nicholas (Village). Große Kette mit vielen Frischwaren und Ace Bakery.

› **Museen:** ca. 10–17/18 Uhr, meist einmal pro Woche verlängerte Abendöffnung, gelegentlich am Sonntag erst ab Mittag

Post

㉕ [O12] Legendär ist **Toronto's First Post Office** von 1833/35 – Museum und Postamt in einem. Ansonsten finden sich **Postämter** an beinahe jeder Ecke, beispielsweise im Atrium on Bay (s. S. 73), in vielen Shoppers Drug Marts oder in Toronto 1st Can Place (100 King St. W).
› **Porto:** Standard *letter-post* (Briefe/Karten bis 30 g) nach Europa C$ 2,50, in die USA C$ 1,20

Radfahren

› Das **Radwegenetz** in Toronto (teils eigene Radwege, teils Fahrbahnmarkierungen) ist gut ausgebaut. Ausführliche Informationen und einen aktuellen **Toronto Bike Plan** zum Herunterladen gibt es unter www.toronto.ca/services-payments/streets-parking-transportation/cycling-in-toronto.

- In Bussen, **Trams, U-Bahnen (TCC)** dürfen Fahrräder während der verkehrsarmen Zeiten (9.30–15.30 und 18.30–6.30) in begrenzter Zahl mitgenommen werden, bei Bussen auf einem Ständer vorn. Auch auf den Toronto Island Ferries ist eine Mitnahme möglich.
- Informationen erhält man beim **Toronto Bicycling Network:** Tel. 416 7604191, https://tbn.ca.
- **Bike Share Toronto:** An zahlreichen Punkten können Fahrräder ausgeliehen bzw. wieder abgeben werden. Es gibt Tages- und 3-Tagespässe (C$ 7, 15), hinzu kommt eine zwischen C$ 1,50 und C$ 7 pro 30 Min gestaffelte Gebühr (erste 30 Min. frei). Infos und Anmeldung: https://bikesharetoronto.com.
- •202 [L14] **Wheel Excitement,** 249 Queen's Quay West, www.wheelexcitement.com. Zentral gelegene Vermietfirma (C$ 15/Std., C$ 35/Tag).

Sicherheit

Die Zahl der Kriminalfälle in Toronto ist rückläufig. Es genügt, die **in jeder anderen Großstadt** nötigen Sicherheitsmaßnahmen in Bezug auf Schmuck, Handtaschen und Geldbeutel, Kameras u. a. Wertgegenstände zu beherzigen, vor allem bei Massenaufläufen, Veranstaltungen und in öffentlichen Verkehrsmitteln. **Nächtliche Spaziergänge** allein in Parks oder dubiosen Vierteln sind zu vermeiden. Bei einem Diebstahl muss Anzeige bei der Polizei erstattet werden (s. S. 101).

Toronto verfügt über ein großes Radwegenetz und Verleihstationen

Sprache

Es gibt **zwei offizielle Sprachen** in Kanada: **Englisch** und **Französisch**. In Toronto ist Englisch dominant, darüber hinaus sind Chinesisch, Italienisch, Tamilisch, Portugiesisch und Spanisch verbreitet. *Canadian English* ist eine Mischung aus britischem und amerikanischem Englisch. Ebenso wie sich die Aussprache zum südlichen Nachbarn unterscheidet, tut es auch die Schreibung.

Weiteres finden Sie in der „Kleinen Sprachhilfe" im Anhang (s. S. 114).

Stadttouren

Bustouren

- **Gray Line Toronto,** www.grayline.com/things-to-do/canada/toronto, bietet u. a. eine Hop-on-Hop-off City Tour und verschiedene Niagara-Falls-Touren. Ein ähnliches Angebot mit Stadttouren in Doppeldeckerbussen und Ausflügen offeriert City Sightseeing (www.citysightseeingtoronto.com).

Infos für LGBT+

Besonders im Bereich Yonge Street (Bloor bis Wellesley St.) bzw. an der Kreuzung Church/Wellesley St. ist eine große LGBTQ-Community zu Hause (s. S. 38). Hier befinden sich zahlreiche Shops, Cafés und Lokale. Zum Übernachten bieten sich beispielsweise das Victoria's Mansion Inn & Guest House (s. S. 109) an.

Infos
- **203** *[M9] **The 519**, 519 Church St., Tel. 416 3926874, www.the519.org. Treff und Infopoint der LGBTQ-Gemeinde Torontos, Restaurant „Fabarnak". Großes Wandbild am Gebäude.*
- **204** *[M9] **Glad Day Bookshop**, 499 Church St., www.gladdaybookshop.com. Kanadas erster Buchladen (von 1970) für Homosexuelle, auch Magazine und „used books" findet man hier, außerdem ein Café, ein Lokal und Veranstaltungen am Wochenende.*
- › *Ontario Gay & Lesbian Chamber of Commerce (OGLCC), 401 Bay St., Tel. 416 6461600, www.oglcc.com. Beliebter Treff.*
- › *www.seetorontonow.com/toronto-diversity: Informationen zu Veranstaltungen, Treffs, Bars, Unterkünften etc.*

Kneipen und Nightlife
- **205** *[M9] **Buddies in Bad Times Theatre**, 12 Alexander St., Tel. 416 9758555, http://buddiesinbadtimes.com. 1979 gegründetes Schwulen-Theater.*
- **206** *[M9] **Woody's**, 467 Church St., http://woodystoronto.com. Klub mit Bar und Billard sowie Video-Monitoren, gilt als eine der angesagtesten Schwulenbars der Stadt.*

Veranstaltungen
- › *Der Juni gilt als „Pride Month". Dann findet das Festival der Gay Community mit Parade am letzten Wochenende, Konzerten, Straßenständen etc. um Church und Wellesley St. E statt (www.pridetoronto.com).*
- › *Ende Mai/Anf. Juni: Zehn Tage lang kann man beim **Inside Out: Toronto LGBT Film Festival** an verschiedenen Orten in Toronto und Umgebung Filme sehen (www.insideout.ca).*

› Wine Country Tours, http://winecountrytours.ca. Touren in die Niagara-Weinregion und zu den Wasserfällen.

Walking Tours, Radtouren

› Bruce Bell Tours, Tel. 647 3938687, www.brucebelltours.ca (s. S. 32). Verschiedene, meist eineinhalbstündige Touren (C$ 30), z. B. die empfehlenswerte St. Lawrence Market/Old Town Tour (Tickets am Souvenirstand am Haupteingang, 91 Front St. E, Di.–Sa. 10 Uhr).

› Heritage Toronto Walks, Mai–Okt., Tel. 416 3383886. Touren zu Fuss zu verschiedenen Themen und in unterschiedlichen Vierteln, v. a. an Wochenenden (http://heritagetoronto.org/programs/tours). Freiwillige Spende. Auch Fahrrad- und Bustouren sowie Spezialtouren (kostenpflichtig!)

› Muddy York Walking Tours, Tel. 416 4879017, http://muddyyorktours.com, lustige historische Führungen von Richard Fiennes-Clinton durch die Stadt, z. B. „The Haunted Streets of Downtown

Toronto", „Bloody York: Crime and Punishment", „Toronto History: The 19th and 20th Century" (C$ 25).

› **Toronto Greeters Program,** Tel. 416 3382786, www.toronto.ca/explore-enjoy/toronto-greeters-program. „Toronto Greeters", d.h. Einheimische, führen Besucher gratis und in verschiedenen Sprachen durch die Lieblingsviertel ihrer Heimatstadt.

› **Toronto Bicycle Tours,** Tel. 416 4772184, http://torontobicycletours.com, bietet unterschiedliche Fahrradtouren durch Downtown und auf den Toronto Islands an, dazu Fahrradverleih.

› **Tour Guys:** Tel. 647 2307891, www.tourguys.ca oder www.torontourbanadventures.com), Gratis-Walkingtouren tgl. außer Mo. sowie kostenpflichtige Spezialtouren wie „Beer Makes History Better" (durch den Distillery District und St. Lawrence Market, mit Bierproben in Pubs) oder die „Kensington Market & Chinatown Tour".

Schifffahrten

Ab Queen's Quay Terminal, 207 Queen's Quay W, starten verschiedene mehrstündige bis ganztägige **Bootstouren** (Infos unter Tel. 416 2030510, www.torontoharbour.com/toronto-cruises.php), z. B.:

› **Toronto Harbour Tours,** 145 Queens Quay W., Pier 6, Tel. 416 2036994, https://harbourtourstoronto.ca. Einstündige Harbour & Island Cruise, April bis Okt. mehrmals tgl., C$ 27 (im Internet günstiger), keine Reservierung nötig. Vom Boot bieten sich tolle Ausblicke auf die Skyline, Stopp auf Centre Island möglich (Centreville Amusement Park), außerdem einstündige Abendtouren im Sommer.

› **Mariposa Cruises,** 207 Queens Quay W, Tel. 416 2030178, www.mariposacruises.com, 45-min.-Hafen-Touren (Juni–Sept. stündl. 12–16 Uhr, C$ 27), auch Brunch-/Dinner-Cruises u. a.

› **Empress of Canada,** Tel. 416 2605665, www.empressofcanada.com. Große Luxusjacht, die Rund-, Dining- und Tanz-Fahrten anbietet.

Telefonieren

Die gängigen **Telefongesellschaften** in Ontario heißen Rogers, Bell Canada, Telus oder Fido. Ein Ortsgespräch kostet 50 c., an den seltenen öffentlichen Telefonen sind Münzen nötig.

Die **Vorwahl** von Kanada ist die 001. Ein dreistelliger **Area Code** – für Toronto sind das die Nummern **416** sowie **647** und **437** (Zentrum) und fürs Umland (Greater Toronto) sowie für

Bruce Bell, „Mr. Toronto", bietet interessante Walking- und Markttouren an (s. S. 32)

Southern Ontario 905, 289 und 365 – geht der siebenstelligen Rufnummer voraus. Diese kann als werbewirksame **Buchstabenkombination** (2 – ABC, 3 – DEF, 4 – GHI, 5 – JKL, 6 – MNO, 7 – PRS, 8 – TUV, 9 – WXY) angegeben sein. Gebührenfrei, aber regional begrenzt, sind die Nummern, die mit 1-800, -833, -844, -855, -866, -877 und -888 beginnen, zum Ortstarif gibt es 310- Nummern, teuer werden können hingegen 1–900er-Nummern.

Für **Telefonate aus Kanada** ins Ausland lauten die Vorwahlen:
› Deutschland: 011–49
› Schweiz: 011–41
› Österreich: 011–43

In Kanada gibt es gut ausgebaute **GSM-Mobilfunknetze** (850/1900 MHz).

Viele Reisende nutzen auch im Ausland eine **mobile Datenverbindung**. Dies ist jedoch häufig mit hohen Kosten verbunden. Man sollte daher vor der Reise bei seinem Netzbetreiber Informationen über evtl. günstigere Auslandsdatenpakete einholen oder zur Sicherheit die Mobile-Daten-Option deaktivieren und nur über kostenlose WLAN-Netze ins Internet gehen.

Telefonkarten sind zu einer schwer durchschaubaren Wissenschaft geworden. Eine Übersicht über Anbieter und Preise findet man z. B. unter www.callingcards.com oder www.smartphonecallingcards.com.

Uhrzeit und Datum

In Kanada gibt es sechs Zeitzonen, in Toronto herrscht **Eastern Standard Time/EST** (MEZ minus 6 Std.), die Sommerzeit (Eastern Daylight Time/EDT) gilt vom 2. So. im März bis zum 1. So. im November. Daten werden wie im Amerikanischen wie folgt geschrieben: Tue, Apr 1, 2018. Zeiten werden im Allgemeinen auch in Kanada mit den Zahlen 1 bis 11 und dem Zusatz „a.m." für vormittags bzw. „p.m." für nachmittags (Mittag – noon – bis Mitternacht – midnight) versehen.

Unterkunft

Toronto verfügt über **Hotels aller Kategorien** und ist für eine Topmetropole auch nicht allzu teuer. Selbst im Zentrum die günstigeren **Hotelketten** wie Clarion, Comfort, Courtyard, Days Inn, Travelodge, Best Western oder Holiday Inn zu finden. Vor allem werktags und von Januar bis April sowie nach dem 31. Oktober lassen sich Schnäppchen machen, während die Suche in der Hauptferienzeit (Mai–Sept.) sowie während Messen und Veranstaltungen schwieriger und teurer ist. Auf den Grundpreis wird eine **Steuer** von derzeit 13 % aufgeschlagen.

Im Voraus zu buchen ist in der Hauptsaison empfehlenswert. Alle großen deutschen Reiseveranstalter haben Stadt- und Airport-Hotels in Toronto, v. a. der großen Ketten – wie Hilton, Sheraton, Novotel oder Days Inn –, aber auch das empfehlenswerte Chelsea Hotel (s. S. 108) im Angebot. Für ein DZ sind in zentraler Lage in der HS ca. 150 € einzukalkulieren, in der NS ab ca. 120 €. Manchmal günstiger sind Broker:
› **https://de.hotels.com** („Toronto"): große Auswahl an Hotels in Toronto
› **www.HRS.de:** Übernachtungen zu tagesaktuellen Preisen (Tel. 0221 2077600, 24 Std.)
› **www.seetorontonow.com:** Hotellisten unter „Stay&Plan", „Accommodations", mit Links, keine Direktbuchung möglich

Hotels

Luxusklasse/gehobene Kategorie

207 [L13] **Delta Toronto,** 75 Lower Simcoe St., Tel. 1-888 8903222, www.marriott.de/hotels/travel/yyzdl. **Luxushotel mit viel Komfort:** knapp 600 gut ausgestattete Zimmer auf 45 Etagen.

208 [N12] **Executive Hotel Cosmopolitan,** 8 Colborne St. (Old Town), Tel. 1 800 9583488, www.cosmotoronto.com. **Mit Balkon und Küche:** 95 superluxuriös und schick ausgestattete Suiten inkl. Frühstück, Fitnessraum, Spa und Solarium, außerdem Wildfire Steakhouse & Wine Bar zugehörig.

10 [M13] **Fairmont Royal York. Historisch durch und durch:** über 1300 Zimmer, Specials und NS-Preise, auch bei dt. Veranstaltern im Programm.

209 [K12] **Hotel Le Germain,** 30 Mercer St., Tel. 416 3459500, www.legermainhotels.com/en/torontomercer. **Schicke „urbane Oase":** 122 Zimmer in einem modernen Boutiquehotel im Entertainment District, inklusive Gratis-Frühstück, -WLAN und mit Toprestaurant.

22 [N12] **Omni King Edward Hotel. Legendäres Grandhotel:** luxuriös nächtigen in knapp 300 Zimmern und Suiten unterschiedlicher Größe und Ausstattung. Auch bei deutschen Veranstaltern buchbar.

Preiskategorien

Die folgenden Preiskategorien verstehen sich pro Doppelzimmer (2 Personen) ohne Frühstück und *tax:*
› Luxusklasse/gehobene Kategorie: über C$ 250
› Mittlere Kategorie: bis ca. C$ 220
› Preiswertere Kategorie: unter C$ 150

EXTRATIPP Am Flughafen

› **Park Inn by Radisson,** 175 Derry Road E., Mississauga, Tel. 1 888 2011718 oder 905 3649999, www.parkinn.com/torontowest. Luxuriöse Suiten mit allem Komfort und Gratis-WLAN ab C$ 140.

› **ALT Hotel Toronto Pearson,** 6080 Viscount Rd., Mississauga, Tel. 905 3624337, www.althotels.com/en/torontoairport. Schickes Hotel mit 150 Zimmern, ganz nah am Flughafen, mit Restaurant Altcetera.

210 [F11] **The Drake Hotel,** 1150 Queen St. W, (West Queen W), Tel. 416 5315042, www.thedrakehotel.ca. **Überhaupt nicht alltäglich:** Boutiquehotel mit Veranstaltungen im Klub „Underground", Restaurant, Café und Lounge sowie General Store. 19 gemütliche Zimmer mit viel Hightech, ab C$ 220 in der NS.

211 [M11] **Toronto Marriott Downtown Eaton Centre,** 525 Bay St., Tel. 416 5979200, www.marriott.com/hotels/travel/yyzec-toronto-marriott-downtown-eaton-centre. **Zentral und doch ruhig gelegenes Hotel:** geräumige und hervorragend ausgestattete Zimmer, in den höhen Etagen mit Ausblick. Bar und Restaurant.

Mittlere Preiskategorie

212 [M11] **bE SixFifty Hotel,** 650 Bay St., Tel. 416 9716500, http://besixfifty.com. **Zimmer mit Ausblick:** modernes Hotel mit 22 Zimmern und Dachterrasse sowie Restaurant nahe Dundas Square. Gratis-WLAN.

213 [M10] **Courtyard Toronto Downtown,** 475 Yonge St., Tel. 416 9240611, www.marriott.de/hotels/travel/yyzcy-courtyard-toronto. **Hotel in Toplage:** fast 600 renovierte Zimmern, geschmackvoll ausgestattet, Gratis-Internet, Restaurant

EXTRATIPP

Chelsea Hotel Toronto

Das größte Plus des Eaton Chelsea Hotels ist seine Lage mitten im Zentrum nur wenige Schritte vom Eaton Centre ⑭ entfernt. Mit 1590 (renovierten) Zimmern ist Kanadas größtes Hotel Business-, Familien- und Urlauberunterkunft in einem. Hotelchef Josef Ebner, einem gebürtigen Österreicher, ist es zu verdanken, dass das Hotel bereits zahlreiche Auszeichnungen, vor allem für den guten Service, erhalten hat. Es eröffnete im Jahr 1975 als „Delta Chelsea" in einem Apartment-Hochhaus – daher die Balkone. Als erste Hotelkette bot man ein Familienprogramm und Kinderbetreuung an. Abgesehen von der indisch inspirierten **T|Bar** – wegen des „Caesar"-Cocktails und des indischen Büfetts beliebt – gibt es den **Market Garden** (Selbstbedienung an Büfetttheken, außerdem Kaffeebar).

🏠 **220** [M10] **Chelsea Hotel Toronto**, 33 Gerrard St. W, Tel. 416 5951975, www.chelseatoronto.com, über deutsche Reiseveranstalter/Broker oft günstiger buchbar, Zimmer versch. Typen, Gratis-WLAN, ab ca. C$ 200

und Lounge, auch bei dt. Veranstaltern buchbar.

› [E11] **Gladstone Hotel** (s. S. 71), 1214 Queen St. W, Tel. 416 5314635, www.gladstonehotel.com. **1889 eröffnetes Eisenbahnhotel:** modern, mit künstlerisch gestalteten, unterschiedlich ausgestatteten 37 Zimmern ab C$ 220, mit Melody Bar und Café sowie Events.

🏠 **214** [M12] **Hotel Victoria**, 56 Yonge St., www.hotelvictoria-toronto.com, Tel. 416 3631666. **Klein und persönlich:** nahe dem Eaton Centre gelegenes kleines Hotel (56 Zimmer) mit persönlicher Atmosphäre und akzeptablen Preisen.

🏠 **215** [L12] **Strathcona Hotel**, 60 York St., www.thestrathconahotel.com, Tel. 416 3633321. **Ökohotel in günstiger Lage:** 100 schick möblierte Zimmer und York Street Café sowie Strath Pub in guter Lage nahe Air Canada Center und Union Station.

Preiswerte Kategorie

🏠 **216** [J11] **Alexandra Hotel**, 77 Ryerson Ave., Queen West, Tel. 416 5042121, http://alexandrahotel.com. **Schlicht und einfach:** kleine Suiten mit Kochnische, schon ab C$ 100/DZ, günstige Wochenpreise.

🏠 **217** [N10] **Jarvis House**, 344 Jarvis St., www.jarvishouse.com, Tel. 416 9753838. **Ohne großen Schnickschnack:** zehn Zimmer mit TV ab C$ 90, eher schlicht, aber sauber, gemütlich und ruhig gelegen.

🏠 **218** [K8] **Madison Manor Boutique Hotel**, 20 Madison Ave., Annex, Tel. 416 9225579, http://madisonmanorboutiquehotel.com. **Haus im viktorianischen Stil:** 23 gut ausgestattete Zimmer ab C$ 100 inkl. Frühstücksbuffet, zugehörig ist der Madison Avenue Pub („Madigans").

🏠 **219** [L12] **The Rex**, 196 Queen W., Tel. 416 5982475, www.therex.ca. **Besondere Atmosphäre:** Beliebtes Boutiquehotel im Entertainment District, berühmt vor allem wegen der Rex Jazz & Blues Bar, schlichte Zimmer ab C$ 90.

Bed and Breakfast

Bed and Breakfasts beinhalten meist ein üppiges Frühstück, verfügen nicht immer über eigene Badezimmer, haben selten TV und Telefon auf dem Zimmer, dafür aber hilfsbereite Gastgeber. Ein Mindestaufenthalt von zwei oder drei Tagen ist meist Voraussetzung. Allgemeine Infos unter:
› www.bbcanada.com

› B&B Association of Downtown Toronto, www.bnbinfo.com, Tel. 647 6542959. Mehrere B&Bs (ab ca. $ 90/DZ) in verschiedenen Stadtvierteln.

🏠 **221** [O10] **A Seaton Dream B&B,** 243 Seaton St., Cabbagetown, Tel. 416 9293363, www.aseatondream.com. **Klein, aber fein:** drei moderne, luxuriöse Zimmer mit Bädern und Sonnendeck sowie Gourmetfrühstück, ab ca. C$ 150.

🏠 **222** [O8] **Au Petit Paris,** 3 Selby St., Tel. 416 9281348, www.bbcanada.com/6532.html. **Ganz wie daheim:** nahe Bloor-Yorkville gelegenes vegetarisches B&B in historischem Haus mit vier geschmackvoll eingerichteten und gut ausgestatteten DZ ab C$ 115.

🏠 **223** [N10] **Les Amis B&B,** 31 Granby St., Tel. 416 5910635, www.bbtoronto.com. **Sehr gemütlich und mit guter Betreuung:** fünf schöne Gästezimmer in einem Haus von 1870 nahe Yonge St., inkl. vegetarischem Frühstück (DZ mit Bad ab C$ 140), französische Gastgeber.

🏠 **224** [N9] **Victoria's Mansion Inn & Guest House,** 68 Gloucester St., Tel. 416 9214625, www.victoriasmansion.com. **Günstig am Rand des hippen Village wohnen:** in einem Haus aus den 1880er-Jahren in guter Lage nahe Bloor/Yonge St. mit Garten, schlichte Doppelzimmer mit Bad ab ca. C$ 110.

Hostels

🏠 **225** [N12] **HI-Toronto Hostel,** 76 Church St., Tel. 416 9714440, www.hostellingtoronto.com. Ab C$ 30 für ein Bett im 10er-Schlafsaal, DZ ab C$ 110, günstige Lage, Frühstück inklusive.

🏠 **226** [J10] **Planet Traveler Hostel,** 357 College St., Tel. 647 3528747, http://theplanettraveler.com. 6er-Schlafsäle (C$ 38) und Zimmer (C$ 94), Dachterrasse und Küche in einem *green building* nahe Unicampus. Frühstück und WLAN inklusive.

> **EXTRAINFO**
>
> **Buchungsportale**
> Neben Buchungsportalen für **Hotels** (z. B. www.booking.com, www.hrs.de oder www.trivago.de) bzw. für **Hostels** (z. B. www.german.hostelworld.com oder https://de.hostelbookers.com) gibt es auch Anbieter, bei denen man **Privatunterkünfte** buchen kann. Portale wie www.airbnb.de, www.wimdu.de oder www.9flats.com vermitteln Wohnungen, Zimmer oder auch nur einen Schlafplatz auf einer Couch. Diese oft recht günstigen Übernachtungsmöglichkeiten sind nicht unumstritten, weil manchmal normale Wohnungen gewerblich missbraucht werden. Einige Städte greifen deshalb regulierend ein.

Verhaltenstipps

Im Vergleich zu den Amerikanern verhalten sich die Kanadier eher „**europäisch**", z. B. was Höflichkeitsfloskeln, Kleidungsregeln und Small Talk angeht. Sie sind eher zurückhaltend, z. T. aber auch unkomplizierter. Was Anstellen oder Höflichkeit angeht, zeichnen sie typisch **britische Züge** aus: Man stellt sich beispielsweise vor Kassen oder an Bushaltestellen brav an. „Deutschsprachler" sind in Kanada dank der vielen deutschen Zuwanderer verbreitet und gern gesehen. Des Öfteren stößt man zudem auf Kanadier, die der deutschen Sprache mächtig sind. Der Straßenverkehr entspricht ebenfalls eher mehr dem europäischen als dem amerikanischen: Man fährt schnell, eher etwas aggressiv und überholt gerne.

Verkehrsmittel

Stadtverkehr

Die **TTC** (Toronto Transit Commission) betreibt unter dem Motto „Ride the Rocket" Busse, Straßenbahnen und U-Bahnen (4 Linien: Gelb, Grün, Blau und Violett, siehe unter www.ttc.ca/Subway/interactive_map/interactive_map.jsp#), die man auch „T" für „Tube" nennt. Busse und Streetcars (Linien 501–514, in Ost-West-Richtung) fahren meist Mo.–Sa. 6–1, So. 9–1 Uhr, U-Bahnen von Mo. bis Sa. zwischen 6 und 1.30 Uhr und So. von 9 bis 1.30 Uhr. Nachts gibt es das „Blue Night Network" (Linien mit 300er-Nr.) von 2–5 Uhr, So. bis 9 Uhr.

Ein Ausbau der Light Rail (Straßenbahn) und U-Bahn ist im Gang bzw. in Planung. So wurde mit der Nr. 514 eine neue Streetcar-Linie entlang der King St. zum Distillery District geschaffen und die U-Bahn-Linie 1 fährt jetzt bis Vaughan. Linie 5 ist derzeit im Bau.

› **Infos:** www.ttc.ca, Tel. 416 3934636, Pläne: www.ttc.ca/Routes/General_Information/Maps/index.jsp

Tickets

Eine einfache Fahrt kostet (Stand: April 2018) C$ 3,25 (Senioren über 65 Jahren und Studenten: C$ 2,10, Kinder bis 12 Jahre fahren gratis). Mit der wiederaufladbaren Presto Card verringert sich der Preis auf C$ 3. Sie lohnt sich wegen der einmaligen Gebühr von C$ 6 für Touristen eher nicht, solange Tages- und Wochenkarten angeboten werden. Ist man viel mit der **S-Bahn** (GO Transit) unterwegs, rentiert sich die Presto Card, da hier die TTC-Pässe nicht gelten.

Günstig ist das **Tagesticket** (TTC Day Pass) für C$ 12,50, mit dem an Wochenenden und Feiertagen sogar zwei Erwachsene mit bis zu vier Kindern fahren dürfen (sonst ein Erw. bis zum nächsten Tag um 5.30 Uhr). Ein **Wochenpass** (Weekly Pass) kostet C$ 43,75. Tickets sind an **Automaten** an den Bahnhöfen/Haltestellen und U-Bahn-Stationen erhältlich, nicht in Bus oder Tram. Expressbusse kosten C$ 3,25 Aufschlag. Dort muss gegebenenfalls bar bezahlt werden. Transfer (Umsteige-)Tickets bekommt man gratis beim Fahrer bzw. an roten Automaten in U-Bahnhöfen.

Nahverkehr

GO Transit betreibt **S-Bahnen** ins Umland (Greater Toronto & Hamilton Area, GTHA) ab der Union Station (Front/Bay St.), außerdem verkehren **Busse** ab dem GO Bus Terminal (141 Bay/Front St.) neben der Union Station, einige auch ab den U-Bahn-Stationen „York Mills" und „Yorkdale". Die Fahrzeuge sind auffällig grün gestaltet. Für Besucher wichtig sind die **acht S-Bahn-Linien,** die GO betreibt:

› A-Lakeshore West (purpur) nach Hamilton und mit Wochenendservice im Sommer zu Niagara Falls **50**
› B-Lakeshore East (rot) nach Oshawa
› C-Milton (orange)
› D-Kitchener (grün)
› E-Allandale/Waterfront (blau)
› F-Richmond Hill (hellblau)
› G-Stouffville (braun)
› Union Pearson Express (grau)
› **Informationen:** www.gotransit.com, Tel. 416 8693200. Die Fahrtpreise sind entfernungsabhängig, bei mehreren Fahrten lohnt ein Day Pass (ab C$ 11,30).

Bahn und Bus

Es verkehren täglich mehrere Züge von **VIA Rail** im sogenannten Québec City–Windsor Corridor, unter anderem Toronto–Ottawa (fünf Züge), Toronto–Windsor (vier), Toronto–Niagara Falls (einmal, an Sommerwochenenden mehrmals) und Toronto–Montréal (sechs). Außerdem fährt zwei- bis dreimal wöchentlich „The Canadian" von Toronto nach Vancouver und täglich der „Maple Leaf" (VIA Rail und Amtrak, www.amtrak.com) zwischen Toronto, Buffalo, Niagara Falls und New York bzw. Washington.

› **VIA Rail Canada,** 65 Front. St. W., Toronto Union Station, www.viarail.ca

Greyhound Canada (www.greyhound.ca) bietet ebenso wie die Firmen **Ontario Northland** (www.ontarionorthland.ca) und **GO Buses** (www.gotransit.com) Busfahrten in Torontos Umland bzw. nach Ontario an.

Taxi

› **Taxizentrale** Toronto Taxi: Tel. 416 8294222, u. a. gibt es Co-op Cabs (Tel. 416 5042667), Beck (Tel. 416 75155555, orange-grüne Fahrzeuge) oder Diamond (Tel. 416 3666868)
› Es fallen C$ 3,25 Grundgebühr plus C$ 1,75 pro km an, C$ 0,25 für 29 Sek. Wartezeit

Fähren

› Fähren zu den **Toronto Islands:** Jack Layton Ferry Terminal, 9 Queens Quay W, hinter Westin Harbour Castle Hotel, Tel. 416 3972628, www.toronto.ca/explore-enjoy/parks-gardens-beaches/toronto-island-park, C$ 7,70. Centre Island and Hanlan's Point werden nur von Mitte April bis Anfang Oktober angesteuert, Ward's Island ganzjährig, saisonal abhängig in unterschiedlicher Frequenz.

Wetter und Reisezeit

Toronto ist ein **ganzjähriges Reiseziel** und dank seines Shopping- und Kulturangebots auch bei schlechtem Wetter lohnend. Im Winter bietet sich z. B. die Eislaufbahn vor der Old Town Hall an, in der Umgebung kann man Schneeschuhwandern oder im Frühjahr bei der Ahornsirup-Produktion zusehen. Viele Attraktionen sind im Winter verkürzt geöffnet oder ganz geschlossen.

Als Hauptreisezeit gelten gemeinhin die Monate Mai bis Oktober. Die Sommermonate Juni, Juli, August können heiß werden, wobei aber vom See her immer ein angenehmer Wind weht. Der Herbst kann mild und angenehm sein und lohnt wegen der Laubfärbung, von Dezember bis März liegt bei Minusgraden Schnee und auch der April ist wechselhaft.

Durchschnitt	**Wetter in Toronto**											
Maximale Temperatur	–1°	0°	4°	12°	18°	24°	27°	26°	22°	15°	8°	1°
Minimale Temperatur	–8°	–7°	–3°	3°	8°	14°	17°	16°	12°	7°	2°	–5°
Regentage	15	12	12	12	12	9	9	9	9	9	13	13
	Jan	Febr	März	Apr	Mai	Juni	Juli	Aug	Sept	Okt	Nov	Dez

Zuschauersport

Toronto ist nicht nur wegen der Hockey Hall of Fame ❶ eine Stadt für Sportfans. Zwar spielt Eishockey die erste Geige, doch auch in anderen bekannten Sportarten mischen Mannschaften aus Toronto in den nordamerikanischen Profiligen mit:

Eishockey

Der ganze Stolz Torontos sind die **Maple Leafs** (s. S. 17), die seit der Gründung der **NHL** (National Hockey League) 1917 fester Bestandteil dieser Liga sind. Die Spiele finden im Air Canada Centre ❸ statt. Seit 2005 spielt das Nachwuchsteam, die **Marlies** oder „Baby Leafs", in der **AHL** (American Hockey League) – der zweitbesten Profiliga – im renovierten historischen Ricoh Coliseum (s. S. 21).

❯ Infos (auch Tickets):
  www.nhl.com/mapleleafs,
  http://marlies.ca (Saison Okt.–Apr.)

Baseball

Als einzige kanadische Stadt verfügt Toronto über eine Mannschaft im US-Profi-Baseball **MLB** (Major League Baseball). Die 1977 gegründeten **Blue Jays** errangen 1992 und 1993 sogar die Meisterschaft. Die Heimspiele finden im **SkyDome** ❷ statt.

❯ Infos (auch Tickets): http://toronto.blue jays.mlb.com (Saison April–Sept.)

Basketball

Das **NBA**-Team, die **Toronto Raptors** gehört demselben Unternehmen wie die Maple Leafs und teilt sich mit ihnen das Air Canada Centre ❸.

❯ Infos (auch Tickets): www.mlb.com/ bluejays (Saison Nov.–Apr.)

Fußball

Die Einwanderer aus aller Welt haben Toronto auch mit dem Fußballfieber infiziert. Seit 2007 spielt eine Mannschaft in der nordamerikanischen Profiliga **MLS** (Major League Soccer): Der **Toronto FC**, wie Raptors und Maple Leafs eine „Tochtergesellschaft" von Maple Leaf Sports & Entertainment, spielt vor durchschnittlich über 27.000 Fans im BMO Field (s. S. 21).

❯ Infos (auch Tickets): www.torontofc.ca

Canadian Football

In Kanada wird American Football schon seit den 1860er-Jahren als „Canadian Football" in einer leicht veränderten Form praktiziert. Seit 1958 gibt es eine eigene Profiliga, die **CFL** (Canadian Football League), zu deren neun Teams die **Toronto Argonauts** (gegründet 1873) gehören. Sie zählen zu den ältesten Profi-Sportvereinen Nordamerikas und spielen im BMO Field (s. S. 21).

❯ Infos im Internet (auch Tickets):
  www.argonauts.ca (Saison Juni–Okt.)

Lacrosse

Lacrosse, von Indianern „erfunden", gilt neben Eishockey als **offizieller Nationalsport Kanadas**. Neben der Outdoor-Variante ist „Box Lacrosse", das in Sporthallen stattfindet, besonders beliebt. Die **Toronto Rock**, die im Air Canada Centre ❸ spielen, sind Mitglied der im Jahr 1987 ins Leben gerufenen Profiliga NLL (National Lacrosse League) und mit sechs Meistertiteln, zuletzt 2011, der erfolgreichste Verein.

❯ Infos (auch Tickets): www.torontorock. com (NLL) (Saison Jan.–Apr.)

ANHANG

Kleine Sprachhilfe

Die folgenden Wörter und Redewendungen wurden dem Reisesprachführer „**Englisch – Wort für Wort**" (Kauderwelsch-Band 64) aus dem REISE KNOW-HOW Verlag entnommen.

Häufig gebrauchte Wörter und Redewendungen

Zahlen

1	(wann)	one
2	(tuh)	two
3	(ðrih)	three
4	(fohr)	four
5	(feiw)	five
6	(ßikß)	six
7	(ßäwèn)	seven
8	(äit)	eight
9	(nein)	nine
10	(tänn)	ten
11	(ihläwèn)	eleven
12	(twälw)	twelve
13	(ðörtihn)	thirteen
14	(fohrtihn)	fourteen
15	(fifftihn)	fifteen
16	(ßikßtihn)	sixteen
17	(ßäwèntihn)	seventeen
18	(äitihn)	eighteen
19	(neintihn)	nineteen
20	(twänntih)	twenty
30	(ðörtih)	thirty
40	(fohrtih)	forty
50	(ffftih)	fifty
60	(ßikßtih)	sixty
70	(ßäwèntih)	seventy
80	(äitih)	eighty
90	(neintih)	ninety
100	(hanndrid)	hundred

Die wichtigsten Zeitangaben

yesterday	(jäßtèrdäi)	gestern
today	(tuhdäi)	heute
tomorrow	(tuhmohrrou)	morgen
last week	(lahßt wihk)	letzte Woche
in the morning	(in ðè mohrning)	morgens
in the afternoon	(in ðih_ ahftèrnuhn)	nachmittags
in the evening	(in ðih_ ihwèning)	abends
Sunday	(ßanndäi)	Sonntag
Monday	(manndäi)	Montag
Tuesday	(tjuhsdäi)	Dienstag
Wednesday	(wännsdäi)	Mittwoch
Thursday	(ðörsdäi)	Donnerstag
Friday	(freidäi)	Freitag
Saturday	(ßättèrdäi)	Samstag

Die wichtigsten Fragewörter

who?	(huh)	wer?
what?	(wott)	was?
where?	(wäèr)	wo?/wohin?
why?	(wei)	warum?
how?	(hau)	wie?
how much?	(hau matsch)	wie viel? (Menge)
how many?	(hau männih)	wie viele? (Anzahl)
when?	(wänn)	wann?
how long?	(hau long)	wie lange?

Die wichtigsten Richtungsangaben

on the right	(on ðè reit)	rechts
on the left	(on ðè läfft)	links
to the right	(tuh ðè reit)	nach rechts
to the left	(tuh ðè läfft)	nach links
turn right/ left	(törn reit/ läfft)	rechts/links abbiegen
straight on	(ßträjt on)	geradeaus
in front of	(in front_off)	gegenüber
outside	(autseid)	außerhalb
inside	(inseid)	innerhalb
here	(hi-èr)	hier
there	(ðäèr)	dort
up there	(ap ðäèr)	da oben
down there	(daun ðäèr)	da unten
nearby	(nihrbei)	nah, in der Nähe
far away	(fahr èwäi)	weit weg
around the corner	(raund ðè kohrnèr)	um die Ecke

+++ Die wichtigsten Wörter mit dem Bonus-Audiotrack des Kauderwelsch-

Die wichtigsten Floskeln und Redewendungen

yes	jäß	ja
no	nou	nein
thank you	ðänk_juh	danke
please	plihs	bitte
Good morning!	gudd mohrning	Guten Morgen!
Good evening!	gudd ihwèning	Guten Abend!
Hello!/Hi!	hällou/hei	Hallo!
How are you?	hau ah juh	Wie geht es Ihnen/dir?
Fine, thank you.	fein ðänk_juh	Danke gut.
Goodbye!	guddbei	Auf Wiedersehen!
Have a good day!	häw_è gudd däi	Einen schönen Tag!
I don't know.	ei dount nou	Ich weiß nicht.
Cheers!	tschihrs	Prost!
The check, please!	ðè tscheck plihs	Die Rechnung, bitte!
Congratulations!	kongrätjuläischènß	Glückwunsch!
Excuse me!	ikßkjuhs mih	Entschuldigung!
I'm sorry.	eim ßorrih	Tut mir Leid.
It doesn't matter.	itt dahsnt mättèr	Das macht nichts.
What a pity!	wott_è pittih	Wie schade!

Die wichtigsten Fragen

Is there a/an ... ?	(is ðäèr è/ènn ...)	Gibt es ...?
Do you have ... ?	(duh juh häw ...)	Haben Sie ...?
Where is/are ... ?	(wäèr is/ah ...)	Wo ist/sind ... ?
Where can I ... ?	(wäèr kähn_ei)	Wo kann ich ... ?
How much is it?	(hau matsch is_itt)	Wie viel kostet das?
What time?	(wott teim)	Um wie viel Uhr?
Can you help me?	(kähn juh hällp mih)	Können Sie mir helfen?
Is there a bus to ... ?	(is ðäèr è_baß tuh ...)	Gibt es einen Bus nach ...?
How are you?	(hau ah juh)	Wie geht es dir/Ihnen?
What's your name?	(wotts juhr näim)	Wie heißt du/heißen Sie?
How old are you?	(hau ould ah juh)	Wie alt bist du/sind Sie?
Where do you come from?	(wär duh juh kamm fromm)	Woher kommen Sie?
Excuse me?	(ikßkjuhs mih)	Wie bitte?

Nichts verstanden? – Weiterlernen!

I don't speak English.	(ei dount spihk in-glisch)	Ich spreche kein Englisch.
Pardon?	(pahdèn)	Wie bitte?
I don't understand.	(ei dount andèrständ)	Ich habe nicht verstanden.
Do you speak German?	(duh juh spihk dschörmèn)	Sprechen Sie Deutsch?
How do you say that in English?	(hau duh juh säi ðät in in-glisch)	Wie heißt das auf Englisch?
What does it mean?	(wott dahs_itt mihn)	Was bedeutet das?

AusspracheTrainers auf PC oder Smartphone lernen (siehe Umschlag hinten) +++

Umgangssprachliche Ausdrücke

Weitere nützliche Vokabeln und Redewendungen finden Sie im Sprachführer **„Canadian Slang – das Englisch Kanadas"** (Kauderwelsch-Band 25) aus dem REISE KNOW-HOW Verlag.

Begrüßung/Verabschiedung

How's it going?	Wie geht's?
What's happening?	Was läuft?
What's up?	Wie geht's? Was ist los?
Bye now!	Tschüss!
(See you) Later!	Bis später!

Geld

buck 'n a half/a quarter	C$ 1,50/1,25
dix	C$ 10-Schein
grand	C$ 1000
loonie	C$ 1
toonie	C$ 2
penny	1 c.
nickel	5 c.
dime	10 c.
quarter	25 c.

Essen und Trinken

BLT	Sandwich oder Burger mit Speck, Salat und Tomaten („bacon, lettuce, tomato")
corn	Kurzform von „popcorn"
Dig in!	Fang an (zu essen)!
dog	Kurzform von „hot dog"
eggs over easy	Spiegeleier, auf beiden Seiten gebraten
eggs sunny side up	klassische Spiegeleier
eggs scrambled	Rührei
french toast	in Milch-Eier-Mischung getränkte und ausgebackene Weißbrotscheiben
fries	Pommes frites
gravy	Soße
hash browns	Bratkartoffeln
jerky	getrocknete Fleischstreifen
maple syrup	Ahornsirup
pancakes/flapjacks	kleine, dicke, lockere Pfannkuchen, mit maple syrup serviert

peameal bacon	mit Maisgries ummantelter Pökelschinken
porridge	Hafergrütze (Frühstück)
slab	ein dickes Stück, eine dicke Scheibe
starved	verhungert, hungrig (auch: „I am starving")
stuffed	satt, vollgefressen
sub/submarine	langes Sandwich mit vielerlei Zutaten
continental breakfast	„Kleines Frühstück" ohne Eier etc.
danish	Hefeteilchen mit unterschiedlicher Füllung
doggy bag	eine Tüte oder Schachtel zum Einpacken von Essensresten im Restaurant
decaf	koffeinfreier Kaffee („regular": normaler Kaffee)
pint	Biermaß (1 pint = 0,47 l)
pop/soda	Limonade
sausage	Wurst (z. B. „polish" – Polnische)
sixpack	Sechserpack Bier
waffles	Waffeln

Sport (Eishockey)

bodycheck	fairer Körperangriff ohne Schlägereinsatz
bully (face-off)	Puckeinwurf nach Tor oder Unterbrechung
deke out	einen Gegenspieler austricksen
goalie/keeper	Torhüter
hat-trick	drei Tore im selben Spiel schießen
icing	unerlaubter Weitschuss aus der eigenen Hälfte
inmate/stripes/zebra	Schiedsrichter im Hockey
jock	Tiefschutz für Hockey-, Football- und Baseballspieler („jockstrap")
linesman	Linienrichter
lumber/stick	Hockeystock
net/pipes	Hockeytor
penalty	Strafschuss
puck/biscuit/ bone pill/button	Puck
slap shot	Schlagschuss im Hockey
Zamboni	Eisaufbereitungsmaschine

Telefon

answering machine	Anrufbeantworter
car phone	Autotelefon
cell (cellular)/ mobil phone	„Handy"
Give a shout/a buzz!	Ruf mich an!

Humorvolles bei REISE KNOW-HOW:
So sind sie, die ...

Die Fremdenversteher
Die Reihe, die kulturellen Unterschieden unterhaltsam auf den Grund geht.

Amüsant und sachkundig. Locker und heiter. Ironisch und feinsinnig. Über die Lebensumstände, die Psyche, die Stärken und Schwächen unserer europäischen Nachbarn, der Amerikaner und Japaner.

So sind sie eben, die Fremden!
Die Fremdenversteher: Deutsche Ausgabe der englischen Xenophobe's® Guides.

108 Seiten | 8,90 Euro [D]

www.reise-know-how.de   Reisen? We know how!

Register

A
AIDS Memorial 38
Air Canada Centre (ACC) 17
Algonquin Island 22
Alkohol 74
Allen Lambert Galleria 25, 62
Alternative Szene 39, 47, 49, 83
Anreise 92
Antiquitäten 76
Apotheken 101
Apps 123
Architektur 62
Argonauts 112
Art & Design District 48
Art Gallery of Ontario (AGO) 29
Arzt 101
Atrium on Bay 27
Augusta Ave 45
Ausflüge 50
Ausflugsboote 19
Autofahren 93
Autoklub 94

B
Bahn 93
Baldwin Steps 42
Ballett 68
Bank of Commerce 62
Bank of Upper Canada 34
Barrierefreiheit 94
Bars 46, 47, 71
Baseball 112
Basketball 17, 112
Bata Shoe Museum 41
Behinderte 94
Bill Boyle Artport 20
Binder Twine Festival 51
Black Creek Pioneer Village 50
Bloor-Yorkville 39
Blue Jays 16, 112
Bluffer's Park Beach 50
BMO Field 21
Botschaften 95
Brauereien 15, 37
Brookfield Place 24, 62
Buchhandlungen 74
Bus 110

C
Cabbagetown 37
Cafés 40, 46, 47, 49, 66
Canada Permanent Building 62
Canada's Walk of Fame 32
Canadiana 76
Canadian Bank of Commerce 23
Canadian Football 112
Canadian International
    Documentary Festival 77
Casa Loma 42
Cathedral Church of St. James 33
Cawthra Park 38
Central Business District (CBD) 23
Centre Island 22
Chinatown 46
CIBC Building 62
City Hall 25
CN Tower 14
Corktown 37
Corso Italia 47

D
Datum 106
Diplomatische Vertretungen 95
Discos 70
Distillery Historic District 36
Dominion Bank of Canada 62
Don River Valley 48
Downtown 14
Downtown Yonge Street 27
Dragon Bell 43
Drake Hotel 48

E
Eastside 50
Eaton Centre 26
EC-Karte 101
EdgeWalk 16
Ed Mirvish Theatre 28
Einkaufen 26, 39, 48, 72, 90
Einkaufszentren 26, 73
Ein- und Ausreisebestimmungen 95
Einwohner 87
Eishockey 17, 21, 24, 38, 85, 112
Elektrizität 96
Elgin & Winter Garden Theatre Centre 28
Entertainment District (ED) 31
Ernest Thompson Seton Park 48, 76

Eskimos 40
Essen 35, 46, 48, 63
Ethnische Festivals 45
Evergreen Brick Works 49
Exhibition Place 21

F
Fähren 23, 111
Fairmont Royal York Hotel 24
Farmers' Market 26, 35, 58
Fashion District 30
Feiertage 78
Feste 77
Financial District 23
Finanzen 23, 87
First Nations 89
First Peoples/First Nations 40, 42, 55, 82, 89
Flatiron Building 36
Flughafen 23, 92
Flugzeug 92
Fort George 55
Fort York National Historic Site 20
Französisch 114
Fremdenverkehrsamt 98
Fresh Wednesdays 68
Fundbüro 102
Fußball 112

G
Galerien 47, 61
Gardiner Museum 40
Gastronomie 46, 47, 66
Gay Community 38
Gehry, Frank 29, 62
Geld 96
Geldwechsel 98
Georgian Bay 55
Gerrard India Bazaar 49
Geschäfte 73, 90
Geschichte 32, 81
Geschwindigkeitsbegrenzung 93
Getränke 64
Gewichte 100
Gibraltar Point Lighthouse 23
Girocard 101
Gladstone Hotel 48
Goat Island 52

Great Lakes 86
Greektown 48
Gretzky, Wayne 31
Greyhound Canada 111
Group of Seven 51

H
Handel 87
Handy 105, 106
Hanlan's Point 22
Harbord 42
Harbourfront 18
Harbourfront Centre 19
Harbourfront Centre WestJet Stage 20
Harmonized Sales Tax 98
Hart House 44
Hauptbahnhof 23
Hockey Hall of Fame 24
Homosexuelle 38
Hostels 109
hotDOCS 77
Hotels 63, 107
Hudson's Bay 26
Hudson's Bay Company Gallery 26
Huronia 55
Huronia Museum 55

I
Ice House 19
IMAX-Kino 22
Imbisse 36, 47, 49, 66
Indianer 22, 40, 42, 55, 82, 89
Informationsquellen 98
Internet 100

J, K
Justina M. Barnicke Art Gallery 44
Kartensperrung 101
Kensington Market 46
Kinder 101
King Edward Hotel 33
King Street 33
Kino 69
Kitchener and Waterloo 58
Klima 85
Klubs 70
Konzerte 68
Kosten 98
Krankenhäuser 100

Kreditkarte 101
Kunst 20, 26, 29, 39, 42, 51, 76

L
Lacrosse 112
Lake Ontario 86
Lebensmittelgeschäfte 36, 47, 75
Lesben 38, 104
Leslie Dan Pharmacy 44
Libeskind, Daniel 40, 62
Lillian H. Smith Public Library 44
Literaturtipps 99
Little India 49
Little Italy 47
Little Portugal 47
Livemusik 70
Lokale 64
Luminato Festival 77

M
Mackenzie House 28
Maple Leaf Gardens 38
Maple Leafs 17, 112
Maple Leaf Square 17
Marlies 21, 112
Martyr's Shrine 55
Maße 100
Massey Hall 28
Mattamy Athletic Centre 38
McMichael Canadian Art Collection 51
Medien 99
Medizinische Versorgung 100
Mennonite Country 57
Mennonite Story Interpretive Centre 58
Michael Lee-Chin Crystal 40, 62
Microbreweries 15, 72
Midland 55
Midtown 39
Mietwagen 93
Modegeschäfte 39, 45, 74
Mouth of the Creek Park 21
Museen 60
Musicals 68
Musik 40, 83
Musikgeschäfte 74

N
Nachtleben 70
Nahverkehr 110
Nationalfeiertag 78
Native Canadian Centre 42
Neighbourhoods 44
New City Hall 25
Niagara Falls 52
Niagara-on-the-Lake 54
Niagara Wine Festival 78
Notfälle 101
Notrufnummern 101
NXNE Music & Film Festival 77

O
Öffnungszeiten 102
Old City Hall 25
Old Fort Niagara 55
Old Fort York 20
Old Town 32
Ontario 85
Ontario College of Art & Design 30
Ontario Place 22
Ontario Science Centre 48
Ontario Spring Water Sake Company 36
Oper 68
Outlet Malls 73

P
Pacific Mall 47
Parkplätze 94
PATH 90
Penetanguishene 55
Planetarium 48
Polizei 101, 103
Polson Pier 19
Post 34, 102
Power Plant Contemporary Art Gallery 19
Preise 98
Pride Month 38, 77
Prince's Gate 21
Publikationen 99
Pubs 71

Q
Queen's Park 43
Queen West 30

R
Radfahren 102
Raptors 17, 112
Rauchen 71

RC Harris Filtration Plant 50
Reiseplanung 92
Reisezeit 111
Reservate 89
Restaurants 64
Ricoh Coliseum 21
Riverdale 50
Riverdale Farm 38
Rogers Centre 16
Royal Bank Plaza 24, 62
Royal Conservatory of Music 41
Royal Ontario Museum (ROM) 40
Rückreise 92
Rundgang 13
Ryerson Theatre 28

S

Sainte-Marie among the Hurons 55
Scarborough Bluffs 50, 76
Schifffahrten 105
Schwule 38, 104
Scotia Bank Theatre 31
Sculpture Garden 34
Secondhandshops 45, 47
Sharpe Centre for Design 30
Shopping 27, 36, 39, 41, 45, 47, 48, 72, 90
Sicherheit 103
SkyDome 16
Souvenirs 76
Spadina Mansion 43
Speisen 63
Sperrnotruf 101
Sport 75, 85, 112
Sprache 103
Sprachhilfe 114
Städtebau 83
Stadtspaziergang 13
Stadttouren 103
Stanley Cup 25
Steam Whistle Brewing 15
Steuer 98
St. Jacobs 57
St. Lawrence 32
St. Lawrence Hall 34
St. Lawrence Market 34
Stock Exchange 62
Strände 22, 50
Straßenbahn 110
Straßenverkehr 93
Stratford 57
Stratford Shakespeare Festival 57
Stromspannung 96

T

Tasty Thursdays 68
Taxi 111
Telefonieren 105
The Adelaide 62
The Annex 41
Theater 20, 31, 57, 63, 67
The Beaches 50
The Bentway 21
The Danforth 48
The Village 38
Tilley 88
Toronto Argonauts 21
Toronto Christmas Market 78
Toronto-Dominion Centre 25
Toronto FC 21, 112
Toronto International Film Festival 78
Toronto Islands 22
Toronto Music Garden 20
Torontonians 87
Toronto's First Post Office 34
Tourismus 88
Touristeninformation 98
Town of York Historical Society 34
Tram 110
Travelers Cheques 97
Trinken 71
Trinkgeld 64
Trinkwasser 86
Tunnelsystem 90

U

U-Bahn 110
Uferpromenade 18
Uhrzeit 106
Union Station 23
University College 44
University of Toronto 43
Unterkunft 106
UofT Art Centre 44
Upper Canada Rebellion 28

V

Veranstaltungen 70, 77
Vergnügungspark 22, 23
Verhaltenstipps 109
Verkehrsbesonderheiten 94
Verkehrsmittel 110
Verwaltung 87
VIA Rail 111
Visa-Karte 101
Vorwahlen 5, 105
Vpay 101

W

Währung 96
Ward's Island 22
Wasser 86
Waterfront 18
Wechselkurse 96
Wein 53
West Queen West (WQW) 47
Wetter 86, 111
Wheat Sheaf Tavern 31
Wine Country 54
Wirtschaft 87
WLAN 100

Y

Yonge-Dundas Square 27
Yorkville 39
Yorkville Library 40

Z

Zahlungsmittel 96
Zahnarzt 101
Zeit 106
Zoll 95

Toronto mit PC, Smartphone & Co.

QR-Code auf dem Umschlag scannen oder **www.reise-know-how.de/citytrip/toronto18** eingeben und die **kostenlose Web-App** aufrufen (Internetverbindung zur Nutzung nötig)!

★ **Anzeige der Lage und Satellitenansicht aller** beschriebenen Sehenswürdigkeiten und touristisch wichtigen Orte
★ **Routenführung** vom aktuellen Standort zum gewünschten Ziel
★ **Exakter Verlauf** des empfohlenen Stadtspaziergangs
★ **Audiotrainer** der wichtigsten Wörter und Redewendungen
★ **Updates** nach Redaktionsschluss

GPS-Daten zum Download

Auf der Produktseite dieses Titels unter www.reise-know-how.de stehen die GPS-Daten aller Ortsmarken als KML-Dateien zum Download zur Verfügung.

Stadtplan für mobile Geräte

Um den Stadtplan auf Smartphones und Tablets nutzen zu können, empfehlen wir die App „Avenza Maps" der Firma Avenza™. Der Stadtplan wird aus der App heraus geladen und kann dann mit vielen Zusatzfunktionen genutzt werden.

Unsere App-Empfehlungen zu Toronto

- **See Toronto:** Auf der Seite des städtischen Fremdenverkehrsamts gibt es unter www.seetorontonow.com/mobile-app sinnvolle App-Tipps.
- **Rocket Man Transit** (http://rocketmanapp.com): App zum Nahverkehr im Allgemeinen mit praktischen Tipps zu Linien und Fahrplänen sowie Aktuellem (kostenlos für iOS und Android)
- **Transit Now Toronto** (https://transitnowapp.com): App des Nahverkehrsunternehmens (kostenlos für iOS und Android)
- **Street Food Toronto** (http://streetfoodapp.com/toronto): Liste der angesagten Foodtrucks und ihrer Standorte (kostenlos für iOS und Android)
- **Maple Leafs Mobile:** App für die weltweite Fangemeinde der legendären Eishockeymannschaft (kostenlos für iOS und Android)
- **Discover Ontario:** offizielle App von Ontario Tourism (kostenlos für iOS und Android)

Die Web-App und der Zugriff auf diese über QR-Codes sind eine freiwillige, kostenlose Zusatzleistung des Verlages. Der Verlag behält sich vor, die Bereitstellung des Angebotes und die Möglichkeit der Nutzung zeitlich und inhaltlich zu beschränken. Der Verlag übernimmt keine Garantie für das Funktionieren der Seiten und keine Haftung für Schäden, die aus dem Gebrauch der Seiten resultieren. Es besteht ferner kein Anspruch auf eine unbefristete Bereitstellung der Seiten.

Die Autoren

Margit Brinke und **Peter Kränzle** sind promovierte Archäologen, die sich 1995 als Freelance-Journalisten und Buchautoren selbstständig gemacht haben. Seither konnten sie sich durch fast 100 Publikationen bei verschiedenen Buchverlagen und durch regelmäßige Mitarbeit bei verschiedenen Zeitungen und Magazinen sowie Websites einen Namen im Reise- und Sportjournalismus machen. Mehrmals im Jahr in Nordamerika unterwegs, ist Toronto inzwischen zu ihrer absoluten Lieblingsstadt in Kanada geworden.

Im REISE KNOW-HOW Verlag liegen von ihnen bereits mehrere CityTrip-PLUS- und CityTrip-Bände zu nordamerikanischen, aber auch zu einigen europäischen Destinationen vor.

Schreiben Sie uns

Dieses Buch ist gespickt mit Adressen, Preisen, Tipps und Daten. Unsere Autoren recherchieren unentwegt und erstellen alle zwei Jahre eine komplette Aktualisierung, aber auf die Mithilfe von Reisenden können sie nicht verzichten. Darum: Teilen Sie uns bitte mit, was sich geändert hat oder was Sie neu entdeckt haben. Gut verwertbare Informationen belohnt der Verlag mit einem Sprachführer Ihrer Wahl aus der Reihe „Kauderwelsch".

Kommentare übermitteln Sie am einfachsten, indem Sie die Web-App zum Buch aufrufen (siehe Umschlag hinten) und die Kommentarfunktion bei den einzelnen auf der Karte angezeigten Örtlichkeiten oder den Link zu generellen Kommentaren nutzen. Wenn sich Ihre Informationen auf eine konkrete Stelle im Buch beziehen, würde die Seitenangabe uns die Arbeit sehr erleichtern. Unsere Kontaktdaten entnehmen Sie bitte dem Impressum.

Impressum

Margit Brinke, Peter Kränzle

CityTrip Toronto

© REISE KNOW-HOW Verlag
 Peter Rump GmbH 2009, 2010,
 2012, 2013, 2015, 2017
7., neu bearbeitete und
 komplett aktualisierte Auflage 2018

Alle Rechte vorbehalten.

ISBN 978-3-8317-3130-5
PRINTED IN GERMANY

Druck und Bindung: Media-Print, Paderborn

Herausgeber: Klaus Werner
Layout: amundo media GmbH (Umschlag, Inhalt)
 Peter Rump (Umschlag)
Lektorat: amundo media GmbH
Karten: Ingenieurbüro B. Spachmüller,
 amundo media GmbH
Anzeigenvertrieb: KV Kommunalverlag GmbH &
 Co. KG, Alte Landstraße 23, 85521 Ottobrunn
 Tel. 089 928096-0, info@kommunal-verlag.de
Kontakt: Osnabrücker Str. 79, 33649 Bielefeld,
 info@reise-know-how.de

Alle Angaben in diesem Buch sind gewissenhaft geprüft. Preise, Öffnungszeiten usw. können sich jedoch schnell ändern. Für eventuelle Fehler übernehmen Verlag wie Autoren keine Haftung.

Bildnachweis

Umschlagvorderseite: Fotolia.com © yanmingzhang | Umschlagklappe rechts: Margit Brinke
Soweit ihre Namen nicht vollständig am Bild vermerkt sind, stehen die Kürzel an den Abbildungen für die folgenden Fotografen, Firmen und Einrichtungen. Margit Brinke: mb | fotolia.com by adobe: fo | Warren Vanderwert: wv

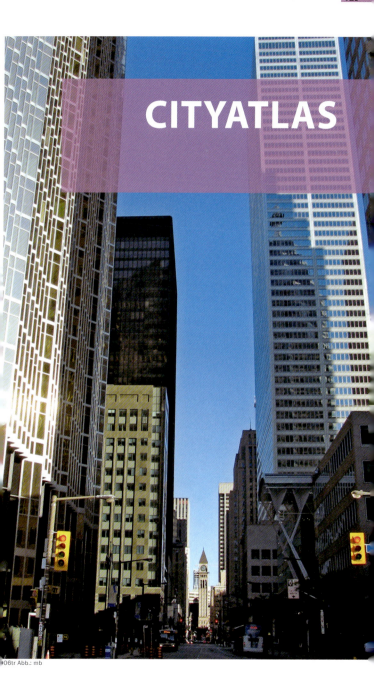
CITYATLAS

Toronto, Umgebung

□ Liste der Karteinträge Seite 140

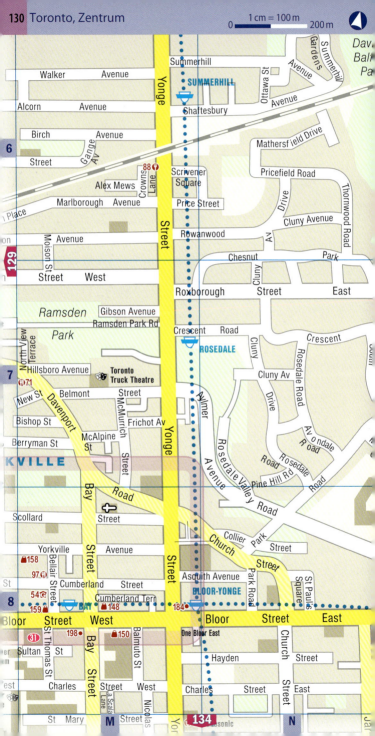

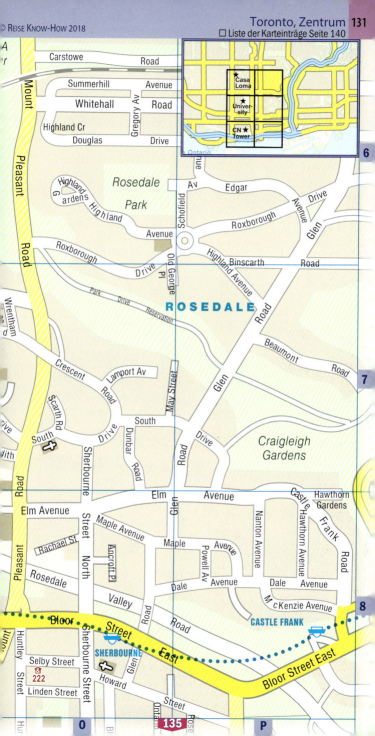

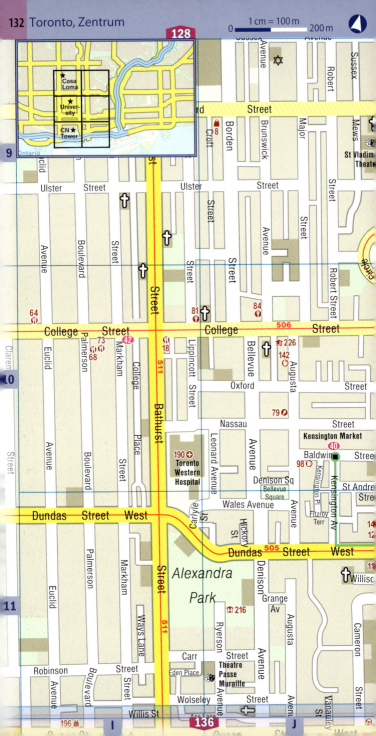

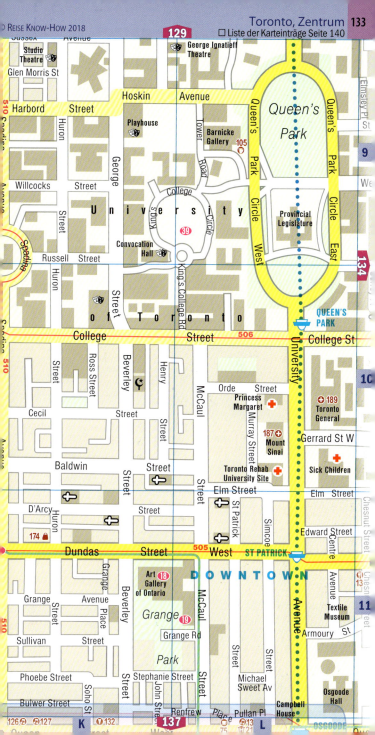

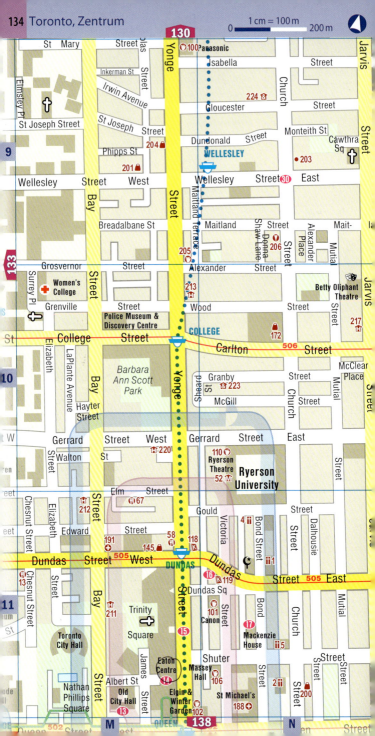

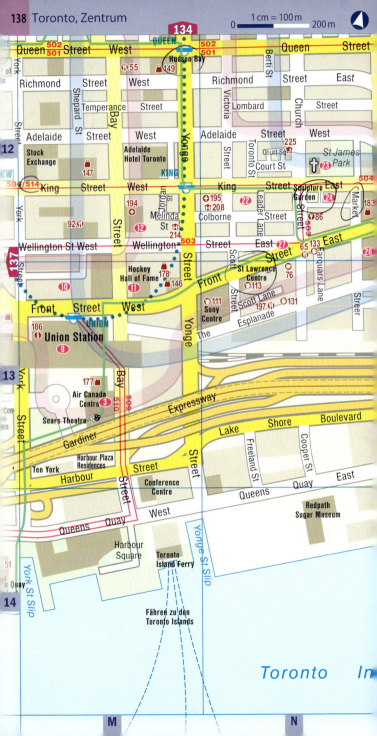

Liste der Karteneinträge

- ❶ [L13] CN Tower S. 14
- ❷ [K13] SkyDome/Rogers Centre S. 16
- ❸ [M13] Air Canada Centre (ACC)/Maple Leaf Square S. 17
- ❹ [L14] Waterfront S. 18
- ❺ [I13] Fort York National Historic Site S. 20
- ❻ [G13] Exhibition Place S. 21
- ❼ [G15] Ontario Place S. 22
- ❽ [J15] Toronto Islands S. 22
- ❾ [M13] Union Station und Financial District S. 23
- ❿ [M13] Fairmont Royal York Hotel S. 24
- ⓫ [M13] Hockey Hall of Fame S. 24
- ⓬ [M12] Toronto-Dominion Centre S. 25
- ⓭ [M11] Old And New City Hall S. 25
- ⓮ [M11] Eaton Centre S. 26
- ⓯ [M11] Downtown Yonge Street S. 27
- ⓰ [N11] Yonge-Dundas Square S. 27
- ⓱ [N11] Mackenzie House S. 28
- ⓲ [K11] Art Gallery of Ontario (AGO) S. 29
- ⓳ [L11] Sharpe Centre for Design S. 30
- ⓴ [L12] Queen West/Fashion District S. 30
- ㉑ [K12] Entertainment District S. 31
- ㉒ [N12] King Street und das „King Eddie" S. 33
- ㉓ [N12] Cathedral Church of St. James S. 33
- ㉔ [N12] St. Lawrence Hall S. 34
- ㉕ [O12] Toronto's First Post Office S. 34
- ㉖ [N12] St. Lawrence Market S. 34
- ㉗ [N12] Flatiron Building S. 36
- ㉘ [P13] Distillery Historic District S. 36
- ㉙ [Q10] Cabbagetown S. 37
- ㉚ [N9] The Village/Maple Leaf Gardens S. 38
- ㉛ [M8] Bloor-Yorkville S. 39
- ㉜ [L8] Royal Ontario Museum (ROM) S. 40
- ㉝ [L8] Gardiner Museum S. 40
- ㉞ [K8] Bata Shoe Museum S. 41
- ㉟ [J8] The Annex S. 41
- ㊱ [J8] Native Canadian Centre S. 42
- ㊲ [J6] Casa Loma S. 42
- ㊳ [K6] Spadina Museum S. 43
- ㊴ [L9] University of Toronto/Queen's Park S. 43
- ㊵ [J10] Kensington Market S. 46
- ㊶ [K11] Chinatown S. 46
- ㊷ [I10] Little Italy S. 47
- ㊸ [G11] West Queen West (WQW) S. 47
- ㊹ [W2] Ontario Science Centre S. 48
- ㊺ [U8] The Danforth/Greektown S. 48
- ㊻ [W11] Little India S. 49
- ㊼ [Ä12] Eastside und The Beaches S. 50

- ⅱ1 [N11] First Evangelical Lutheran Church S. 29
- ⅱ2 [N11] Metropolitan United Church (Met United) S. 29
- ⅱ3 [L12] St. Andrew's Presbyterian Church S. 29
- ⅱ4 [N11] St. George's Greek Orthodox Church S. 29
- ⅱ5 [N11] St. Michael's Cathedral S. 29
- ❻ [P13] Archeo S. 37
- ❼ [P13] Balzac's Coffee Roasters S. 37

Liste der Karteneinträge 141

🍴8	[J9] Good for Her S. 41	🍴59	[O12] The Chef's House S. 64
🍴9	[J8] Ten Thousand Villages S. 41	☕60	[K12] A Game Café S. 64
☕10	[J8] Victory Cafe S. 41	🍴61	[K12] Wayne Gretzky's S. 64
🍴11	[J11] Dragon City Shopping Mall S. 46	🍴62	[R8] Allen's S. 65
🍴12	[J11] King's Noodle Restaurant S. 46	🍴63	[P13] El Catrin S. 65
🍴13	[M11] Lai Wah Heen S. 46	🍴64	[I10] Kalendar Restaurant & Bistro S. 65
🍴14	[J11] Swatow S. 46	🍴65	[N12] Le Papillon on Front S. 65
☕15	[H10] Café Diplomatico S. 47	🍴66	[P13] Pure Spirits Oyster House & Grill S. 65
🍴16	[H10] California Sandwiches S. 47	🍴67	[M11] Adega Restaurante S. 65
☕17	[H10] Riviera Bakery S. 47	🍴68	[I10] Bar Raval S. 65
🍴18	[I10] Sneaky Dee's S. 47	🍴69	[K12] Kit Kat Italian Bar & Grill S. 65
🍴19	[T8] Astoria Shish Kebob House S. 48	🍴70	[T8] Messini Authentic Gyros S. 65
🍴20	[T8] Greek City S. 48	🍴71	[M7] Mistura S. 65
🍴21	[T8] Mezes S. 48	🍴72	[K12] 309 DHABA S. 65
🍴22	[U8] Pan S. 48	🍴73	[I10] DaiLo S. 65
🍴23	[U8] The Friendly Greek S. 48	🍴74	[L14] Pearl Harbourfront S. 65
☕24	[S11] Bonjour Brioche S. 49	☕75	[L12] Queen Mother Café S. 65
🍴25	[Ü11] Garden Gate S. 49	☕76	[N13] The Sultan's Tent & Café Moroc S. 65
🍴26	[V11] Jule's Bistro S. 49	🍴77	[I7] Annapurna S. 66
🍴27	[T11] Reliable Fish & Chips S. 49	🍴78	[H11] Cafe 668 S. 66
🍴28	[Ä11] Sunset Grill S. 49	🍴79	[J10] Hibiscus S. 66
🍴29	[Z11] The Stone Lion S. 49	🍴80	[I8] Rawlicious S. 66
☕30	[L13] Steam Whistle Brewing S. 15	🍴81	[I10] Aunties & Uncles S. 66
🏛48	[L13] CBC Broadcasting Centre S. 60	🍴82	[P13] Brick Street Bakery S. 66
🏛49	[C9] Museum of Contemporary Canadian Art S. 61	🍴83	[J8] By the Way Café S. 66
•50	[L13] Ripley's Aquarium of Canada S. 61	🍴84	[J10] Caplansky's Deli S. 66
🏛51	[Q10] Riverdale Farm S. 61	🍴85	[I8] Green Beanery S. 66
🏛52	[N10] Ryerson Image Centre S. 61	🍴86	[N12] Hot House Restaurant & Bar S. 66
🎨53	[L13] Bay of Spirits Gallery S. 61	🍴87	[P12] Rooster Coffee House S. 66
🎨54	[M8] Kinsman Robinson Galleries S. 61	🍴88	[M6] Rosedale Diner S. 66
🍴55	[M12] Bannock S. 64	🍴89	[J12] WVRST S. 66
🍴56	[K12] Fred's not here S. 64	🍴90	[L12] TicketKing S. 67
🍴57	[K12] The Red Tomato S. 64	🍴91	[L13] 360 Restaurant S. 67
🍴58	[M11] Pickle Barrel Atrium S. 64	🍴92	[M12] Canoe Restaurant & Bar S. 67
		🍴93	[K13] Sightlines Restaurant at Rogers Centre S. 67
		🍴94	[L12] The Fifth Grill S. 67
		🍴95	[I12] Hero Certified Burgers S. 67
		🍴96	[G8] Northwood S. 67
		🍴97	[M8] Sassafraz Restaurant S. 67

Liste der Karteneinträge

- ○98 [J10] Thirsty & Miserable S. 67
- ○99 [F14] Budweiser Stage S. 68
- ○100 [M9] CAA Theatre S. 68
- ○101 [N11] Ed Mirvish Theatre S. 68
- ○102 [M11] Elgin & Winter Garden Theatre Centre S. 68
- ○103 [I12] Factory Theatre S. 68
- ○104 [L12] Four Seasons Centre for Performing Arts S. 68
- ○105 [L9] Hart House Theatre S. 68
- ○106 [N11] Massey Hall S. 68
- ○107 [L12] Princess of Wales Theatre S. 68
- ○108 [L12] Royal Alexandra Theatre S. 69
- ○109 [L12] Roy Thomson Hall S. 69
- ○110 [N10] Ryerson Theatre S. 69
- ○111 [N13] Sony Centre for the Performing Arts S. 69
- ○112 [Q13] Soulpepper Theatre Company/Young Centre for the Performing Arts S. 69
- ○113 [N13] St. Lawrence Centre for the Arts S. 69
- ○114 [J6] Tarragon Theatre S. 69
- ○115 [L8] The Royal Conservatory (RCM) S. 69
- ○116 [O12] Young People's Theatre S. 69
- ▩117 [K12] TIFF Bell Lightbox S. 69
- ▩118 [M11] Cineplex Cinemas Yonge-Dundas S. 69
- ▩119 [N11] City Cinema S. 70
- ▩120 [K12] Scotiabank Theatre Toronto S. 70
- ⊕121 [I8] Lee's Palace S. 70
- ⊕122 [O10] Phoenix Concert Theatre S. 70
- ⊕123 [Q14] Polson Pier S. 70
- ⊕124 [J12] Cameron House S. 70
- ⊕125 [L12] Crocodile Rock S. 70
- ⊕126 [K12] Horseshoe Tavern S. 70
- ⊕127 [K12] Rivoli S. 70
- ⊕128 [F11] The Drake S. 71
- ⊕129 [E11] The Gladstone S. 71
- ⊕130 [L12] The Rex Hotel Jazz & Blues Bar S. 71
- ○131 [N13] Biermarkt S. 71
- ⊕132 [K12] Black Bull Tavern S. 71
- ○133 [N12] C'est What S. 71
- ⊕134 [L12] Cabin Five S. 71
- ⊕135 [L8] Cibo Winebar S. 71
- ⊕136 [G8] Civil Liberties S. 71
- ⊕137 [L8] Duke of York S. 71
- ⊕139 [K8] Madison Avenue Pub S. 72
- ⊕140 [U10] Pinkerton's S. 72
- ⊕141 [J12] Rush Lane S. 72
- ⊕142 [J10] Supermarket S. 72
- ⊕143 [L14] Amsterdam BrewHouse S. 72
- ⊕144 [Q13] Mill Street Brewery S. 72
- ▲145 [M11] Atrium S. 73
- ▲146 [M13] Brookfield Place S. 73
- ▲147 [M12] First Canadian Place S. 73
- ▲148 [M8] Holt Renfrew Centre S. 73
- ▲149 [M12] Hudson's Bay S. 73
- ▲150 [M8] Manulife Centre S. 73
- ▲151 [L14] Queen's Quay Terminal S. 73
- ▲157 [L8] Club Monaco S. 74
- ▲158 [M8] Over the Rainbow S. 74
- ▲159 [M8] Roots S. 74
- ▲161 [J8] BMV Books S. 74
- ▲163 [W8] Circus Books & Music S. 74
- ▲164 [L12] Kops Records S. 75
- ▲165 [G11] Rotate This S. 75
- ▲166 [H10] Soundscapes S. 75
- ▲167 [H12] Type Books (1) S. 75
- ▲168 [K4] Type Books (2) S. 75
- ▲169 [F8] Zoinks Music & Books S. 75
- ▲170 [S8] Big Carrot Natural Food Market, S. 75
- ▲171 [K12] Fresh & Wild S. 75
- ▲172 [N10] Loblaws S. 75
- ▲173 [J8] Metro S. 75
- ▲174 [K11] Ten Ren Tea Company S. 75
- ▲175 [L8] Whole Foods Market S. 75
- ▲176 [L13] Nicholby's Sports & Souvenirs S. 75
- ▲177 [M13] Real Sports S. 76

Liste der Karteneinträge

- ■178 [M13] Spirit of Hockey Shop S. 76
- ■179 [L14] Craft & Design S. 76
- ■180 [F12] Drake General Store S. 76
- ■181 [K12] MEC/Mountain Equipment Co-op S. 76
- ■183 [N12] Sunday Antique Market S. 76
- •184 [M8] German Consulate General S. 95
- •185 [M5] Austrian Honorary Consulate S. 95
- ❶186 [M13] Ontario Travel Information Centre S. 98
- ✚187 [L10] Mt. Sinai Hospital S. 100
- ✚188 [N11] St. Michael's Hospital S. 100
- ✚189 [L10] Toronto General S. 100
- ✚190 [I10] Toronto Western Hospital S. 100
- ✚191 [M11] MCI/The Doctor's Office S. 101
- ✚192 [J12] Queen-Spadina Medical Center S. 101
- ✚193 [M4] Dental Emergency Service S. 101
- ✚194 [M12] Rexall PharmaPlus S. 101
- ✚195 [N12] Shoppers Drug Mart S. 101
- ■196 [I12] KolKid S. 101
- ⓘ197 [N13] Old Spaghetti Factory S. 101
- •198 [M8] TTC-Fundamt S. 102
- ■199 [V8] Foodland S. 102
- ■200 [N11] Hasty Market S. 102
- ■201 [M9] Rabba Fine Foods S. 102
- •202 [L14] Wheel Excitement S. 103
- •203 [N9] The S. 104
- ■204 [M9] Glad Day Bookshop S. 104
- ☉205 [M9] Buddies in Bad Times Theatre S. 104
- ❶206 [N9] Woody's S. 104
- 🏨207 [L13] Delta Toronto S. 107
- 🏨208 [N12] Executive Hotel Cosmopolitan S. 107
- 🏨209 [K12] Hotel Le Germain S. 107
- 🏨210 [F11] The Drake Hotel S. 107
- 🏨211 [M11] Toronto Marriott Downtown Eaton Centre S. 107
- 🏨212 [M11] bE SixFifty Hotel S. 107
- 🏨213 [M10] Courtyard Toronto Downtown S. 107
- 🏨214 [M12] Hotel Victoria S. 108
- 🏨215 [L12] Strathcona Hotel S. 108
- 🏨216 [J11] Alexandra Hotel S. 108
- 🏨217 [N10] Jarvis House S. 108
- 🏨218 [K8] Madison Manor Boutique Hotel S. 108
- 🏨219 [L12] The Rex S. 108
- 🏨220 [M10] Chelsea Hotel Toronto S. 108
- 🏠221 [O10] A Seaton Dream B&B S. 109
- 🏠222 [O8] Au Petit Paris S. 109
- 🏠223 [N10] Les Amis B&B S. 109
- 🏠224 [N9] Victoria's Mansion Inn & Guest House S. 109
- 🏚225 [N12] HI-Toronto Hostel S. 109
- 🏚226 [J10] Planet Traveler Hostel S. 109

> Hier nicht aufgeführte Nummern liegen außerhalb der abgebildeten Karten. Ihre Lage kann aber wie die von allen Ortsmarken im Buch mithilfe der Web-App angezeigt werden (s. S. 123).